AF130972

Therese Tungen · Dreh dich um

THERESE TUNGEN

Dreh dich um

Aus dem Norwegischen von
Nora Pröfrock und Frank Zuber

KEIN&ABER

Die Originalausgabe erschien 2022 unter dem Titel
Snu deg. Edvins book bei Aschehoug Forlag.
Copyright © Therese Tungen, 2022
by Aschehoug Forlag. Published in agreement with
Northern Stories. (All rights reserved)

Auszüge aus dem Gedicht »Lament«
von Louise Glück (*Vita Nova*, 2000) mit
freundlicher Erlaubnis von Carcanet Press, UK.

Deutsche Erstausgabe
Alle Rechte vorbehalten
Copyright © 2024 by Kein & Aber AG Zürich – Berlin
Cover: Maurice Ettlin
Satz: Dörlemann Satz, Lemförde
Druck und Bindung: GGP Media GmbH, Pößneck
ISBN 978-3-0369-5027-3
Auch als eBook erhältlich

www.keinundaber.ch

My love is dying; my love
not only a person, but an idea, a life.

What will I live for?
Where will I find him again
if not in deep, dark wood
from which the lute is made.

LOUISE GLÜCK | »LAMENT« | *VITA NOVA*

Lass uns mit dem Licht beginnen.
Dem Licht in Edvin, Edvin, der leuchtet.
Ich will an einem Bild festhalten, aber es geht nicht.
Ich sehe es vor mir, wie er letzten Sommer war,
immer in Bewegung.
Edvin, der sich bückt
und zärtlich den Hund streichelt.
Edvin, der vorausläuft und den Weg verlässt.
Er sitzt im Gras und schaut nach vorn.
Strickpullover, löchrige Jeans, halblanges Haar.
Edvin, der die Schuhe auszieht,
die Hosen hochkrempelt
und ins eiskalte Wasser steigt.
Irgendwo in der Nähe ist Idun. Edvin und Idun.
Idun und Edvin. Große Schwester, kleiner Bruder.
Und ich, ihre Mama.
Ich sehe, wie Edvin die Arme ausstreckt
und lacht. Und lacht.
Ich kann das Bild nicht festhalten.
Ich hoffe, du freust dich über die Erinnerungen, sagen sie.
Sie verstehen nicht. Die guten Erinnerungen tun weh.

Ich verspreche, ich werde euch Edvin geben, wie er war.
Doch zuerst muss ich vom Ende erzählen.

Es war Montag, der 10. August. In zwei Tagen sollte ich sie abholen. Seit zwölf Tagen hatte ich sie nicht gesehen, und das war etwas zu lang. Eine Woche ohne die Kinder war okay, das konnte ich aushalten, aber mehr machte mich nervös und ungeduldig. Ich sehnte mich nach ihnen, verspürte ein körperliches Verlangen, ihnen nahe zu sein, sie an mich zu drücken. Am Montagabend war ich völlig erschöpft. Als ich von der Arbeit kam, ging es sofort weiter. Unsere Wohnung sah ganz anders aus, alle Zimmer waren umgeräumt. Eigentlich hätten wir mit der Renovierung fertig sein sollen, aber wir hatten es nicht geschafft, und nun würden wir die Kinder zur Nachmittagsbetreuung schicken müssen. Meine zarten Bürohände waren die harte Arbeit nicht gewohnt. Mein ganzer Körper schmerzte, die Beine, die Arme, alles bis in die Fingerspitzen. Ich muss mich kurz vor den Fernseher setzen, sagte ich zu Bår, ich kann nicht mehr.

Ich legte mich aufs Sofa und schaute eine schwedische Doku über den Fall Knutby an. Ich sah in eine Welt aus Betrug und zynischer Manipulation. Wie wenig doch ein Menschenleben für solche Sektenführer galt, und wozu Menschen imstande waren, bloß um anderen zu gefallen, oder aus Angst, ausgestoßen zu werden. Ich blieb eine Stunde vor dem Bildschirm sitzen, während Bår einen großen IKEA-Schrank zusammenbaute. Dann kam eine Frau namens Agnes, um ein paar Dinge zu holen, die ich gratis auf *finn.no* angeboten hatte. Töpfe und ein Kinderküchenservice, Spielzeug und Kinderschuhe, Kleinigkeiten, für die die Kinder zu alt geworden waren und die niemand aus unserem Bekanntenkreis brauchte. Gut, dass Idun und Edvin nicht sehen, was ich da verschenke, dachte ich, sie wären bestimmt sauer auf mich. Die vielen schönen Sachen! Agnes und ich trugen sie in ihr Auto. Sie hatte einen ausländischen Akzent und freute sich sehr. Vielleicht fühlte ich mich wie ein guter Mensch, aber es war keineswegs selbstlos. Ich hatte ihr alles aufgeschwatzt, obwohl sie nur ein paar Sachen haben wollte. Das war der Zweck der Annonce auf *finn.no*: Alles oder nichts.

Regnete es oder hatte es gerade geregnet? Ich sehe noch den nassen Asphalt vor mir. Nachdem Agnes gefahren war, ging ich zu Bår, der gerade eine Wand verputzte, das Gesicht und der Bart voller Staub. Wir überlegten, ob wir Pizza bestellen sollten. Wir können es uns doch trotz Renovierung ein wenig gut gehen lassen, sagte einer von uns.

Ich stieg auf den Dachboden, um mehr Kinderkleider zu holen. Sie waren in große Müllsäcke gepackt, die mit *Idun + Edvin, abgetragen* beschriftet waren. Ich trug die Säcke die Treppe hinunter.

Ich öffnete die Tür.

Ich ging wieder in die Wohnung.

Ich ging in die Küche. Dort klingelte Bårs Telefon. Während ich dies schreibe, spüre ich es wieder. Dieses Gefühl, dass es ernst war, dass wir uns beeilen mussten. Papa rief sonst nie Bår an, selbst mich rief er so gut wie nie an. Ich verstand es nicht. Was war mit Edvin? Bår wiederholte etwas von hohem Blutzucker. Diabetes, dachte ich. Oh nein, dachte ich. Sicher war er kollabiert, weil er Diabetes bekommen hatte. Ich wusste, wie schlimm das bei Kindern sein konnte, bis hin zum Organversagen. Papa hatte Diabetes, und vor einigen Jahren hatte mein Bruder es auch bekommen. Ich hatte schon öfter den Verdacht gehabt. Edvin war immer so durstig, und manchmal war er morgens ganz kraftlos, wenn er nicht rechtzeitig sein Frühstück bekam. Er sollte mit dem Hubschrauber von der Praxis in Vinstra nach Trondheim oder Oslo geflogen werden. Welches Krankenhaus?, fragte ich. Mein Herz schlug wild. Welches Krankenhaus?

Bår legte auf und erzählte mir alles. Sie wussten nicht, was es war. Edvin war plötzlich schlecht geworden, als sie zu Abend aßen. Er hatte sich an den Kopf gegriffen und »Hirn eingefroren« gesagt. Ich glaube, Papa sagte, er sei kaum ansprechbar gewesen. Als wäre er weit fort. Bår hat nichts von einer Ohnmacht gesagt, soweit ich mich erinnere, aber es kann sein, dass ich es nicht mehr weiß.

Nicht Edvin!, rief ich.

Ich schrieb eine Mail an zwei Kollegen im Verlag und sagte, ich würde am nächsten Tag nicht kommen. Edvin sei krank und ich mache mir Sorgen, schrieb ich, aber ich hoffe und glaube, es sei nichts Ernsthaftes. »Wie auch immer, morgen komme ich nicht. Ich muss zu ihm. Wir halten Kontakt.«

Wir erfuhren, dass sie ihn in die Universitätsklinik flogen.

Es würde ungefähr eine Stunde dauern, bis sie dort waren.

Wir hatten eine Stunde.

Im selben Augenblick, als das Telefon klingelte, kam das Dröhnen. Vibrierend, gefährlich. Wie der Lärm eines großen Fahrzeugs, das auf uns zudonnerte. Ich packte einen Koffer. Sandalen und Sommerkleid. Ich brauchte etwas zum Umziehen. Haarbürste und Shampoo. Ein Manuskript, das ich gerade las. Wir würden viel warten müssen, es würde sicher ein paar Tage dauern, wenn es so ernst war. Diabetes. Was konnte Edvin sonst haben? Ich stopfte rasch ein T-Shirt und eine Hose für ihn in den Koffer. Eine Unterhose und eines seiner Stofftiere, Mikkel Fuchs, das er bekommen hatte, als er sich den Schnuller abgewöhnte. Auch Edvin brauchte Kleider.

Wie viel Hoffnung in diesem Koffer lag, dachte ich – nicht in diesem Moment, aber später. Dass Edvin seine eigenen Kleider brauchte. Und seinen Teddy.

Ich winselte leise, die Angst musste heraus. Kann ich schnell duschen?, fragte Bår, der voller Staub war. Ja, sagte ich, wir haben eine Stunde.

Wir waren den ganzen Sommer in Kvamsfjellet, die Kinder und ich, während Bår in Oslo die Wohnung renovierte. Edvin fragte mich oft, wie viele Tage es noch bis zu seinem siebten Geburtstag seien. Wir zählten gemeinsam, und beim letzten Mal kamen wir auf 71 oder 72 Tage. Das dauert noch ein bisschen, sagte ich. Nicht so lange, sagte er und meinte, ich solle schon mal Geschenke kaufen. Er rief ständig den Onlineshop von Outland auf und zeigte mir, welche Lego-Sets er sich wünschte. Ich lachte. Wir haben noch viel Zeit, sagte ich.

Ende Juli schickte ich die Kinder zu meinen Schwiegereltern nach Steinkjer und fuhr nach Oslo, um Bår mit der Wohnung zu helfen, damit alles halbwegs in Ordnung wäre, bis die Kinder heimkamen. Ich ging wieder zur Arbeit, in zwei Wochen würde die Schule beginnen. Beide Kinder sollten ihr eigenes Zimmer bekommen, weshalb wir alles bis auf das Bad umbauen mussten. Die Küche wurde geteilt und zu zwei Kinderzimmern umgestaltet, alle anderen Zimmer wurden umfunktioniert, Böden herausgerissen, Deckenverkleidungen entfernt, Wände gespachtelt und gestrichen. Es hatte schon den ganzen Sommer gedauert, und noch immer herrschte Chaos. Bår und ich beschlossen, den Kinderzimmern Vorrang zu geben, damit die Kinder wenigstens ein Bett und Platz für ihre Sachen hatten. Wir holten die Möbel aus dem Keller, wo sie auf den Gängen standen. Wir stellten alte Dinge auf *finn.no* ein. Wir kauften gebrauchte Holzbetten für beide Kinder und mussten weit hinausfahren, um sie abzuholen.

Jeden Tag schickten wir Bilder an die Kinder, um ihnen zu zeigen, wie es in der Wohnung aussah. Es gab viel mehr zu regeln, als ich gedacht hatte. Die Handwerker hätten eigentlich seit Wochen fertig sein sollen, doch sie kamen und gingen weiterhin. Irgendein Teil fehlte meistens, und dann mussten sie bis zum nächsten Tag warten. Am Sonntag, dem 9. August, waren die Kinder wieder auf Mamas und Papas Hütte im Gudbrandsdal, und wir verabredeten, dass ich in ein paar Tagen den Zug nehmen und sie abholen sollte. Sie schickten uns ein Video, auf dem Idun und Edvin vor der Hütte sitzen und ihre Holzmesser putzen. Die Sonne scheint, im Hintergrund hört man laute Musik aus dem Radio. Sie putzen so schnell, dass man glaubt, jemand habe den Film schneller laufen lassen.

Später an diesem Tag sprachen wir über Facetime mit ihnen. Sie waren glücklich und aufgeregt. Wir gingen mit dem Handy in der Wohnung umher und zeigten ihnen ihre Zimmer. Ich machte einen Screenshot: Bår und ich in dem kleinen Bild unten, Idun auf dem großen und am Rand eine Hälfte Edvin mit halb geschlossenem Auge und verwuscheltem Haar.

Ihre Ranzen standen für den Schulbeginn in einer Woche bereit. In Edvins Zimmer hatten wir eines der alten Betten gestellt. »*Aaaaber* – ich weiß nicht, ob ich in dem Bett schlafen werde«, sagte Edvin. Ich antwortete nicht. »Ich weiß NICHT, ob ich darin schlafen werde«, wiederholte er. »Ja, ja, ich höre dich, Edvin«, sagte ich und tat, als wäre ich verärgert. Du wirst darin schlafen, dachte ich im Stillen. Edvin mochte alles, was altmodisch war, ein ausziehbares Bett würde bestimmt zu ihm passen.

Jetzt steht es auseinandergebaut im Keller und ist wieder auf *finn.no* annonciert. Du hattest recht, du würdest nicht darin schlafen.

Montagabend, 12. Oktober. Der Himmel ist dunkel, wenn wir um sieben Uhr aufstehen, und dunkel am Abend. Es ist fast Mitternacht, als ich diese Zeilen schreibe. Vor neun Wochen ist Edvin gestorben. Edvin ist tot. Ich schreibe diese Worte und starre sie an. Es ist das Einzige, woran ich denken kann. Eigentlich wollten wir es uns heute gemütlich machen, Bier trinken und fernsehen, aber ich habe nur geweint, und es hat lang gedauert, bis ich aufhörte. Danach war meine Stimme heiser und hell, als könnte ich die Worte nur noch pfeifen.

Ich vermisse ihn so schrecklich, sagte ich zu Bår. Wir waren uns so ähnlich. Ich kannte ihn so gut.

Ja, sagte Bår.

Ich schaffe es gerade so weiterzuleben.

Denn Edvin ist tot. Er ist fort. Er starb an jenem Abend. Es war kein Diabetes, es war eine Gehirnblutung. Ich weiß noch immer nicht, wann genau er starb, wann alles, was ihn ausgemacht hat, verschwand und nur sein Körper übrig war.

Ich weiß, dass ich aufschreiben muss, was mit uns geschieht. Schreiben ist wie Gehen, ich tue es einfach oder zwinge mich, es zu tun. Ich bin ein schreibender Mensch, denke ich. Ich muss aufschreiben, was mit mir geschieht. Der Gedanke liegt nahe und er bedeutet Bewegung. Wenn ich schreibe, werde ich mich besser an alles erinnern.

Aber was mit mir geschieht, geht über mein Denkvermögen hinaus, das weiß ich.

Wie ich diesen Text schreiben soll, weiß ich noch nicht. Schrift ist eine Linie, sie hat einen Anfang und ein Ende, eine Entwicklung. Doch in dem Augenblick, als Edvin starb, brach die Zeitachse. Die Zeit brach zusammen. Wir befinden uns nicht mehr auf der linearen Achse, sondern in einer Landschaft, in der Vergangenheit, Gegenwart und Zukunft nebeneinander existieren. Plötzlich liegen meine Kindheitserfahrungen ganz dicht an Edvins Tod. Ich fühle mich wie ein Kind. Ich bin ein kleines Mädchen und denke oft an meinen Sandkastenfreund Edmund, der wie ein zweiter Bruder für mich war. Wenn ich Edvin rufen wollte, hätte ich ihn oft beinahe Edmund genannt, der Name lag mir auf der Zunge. Und mein kleiner Bruder Joachim, ich bin so froh, dass er am Leben ist. Dass nicht alle kleinen Brüder verschwinden.

Edvin ist Edvin, denke ich. Was es bedeutet, weiß ich nicht. Wer ist er nun, da er nicht mehr hier ist? Ich will alles zusammenraffen, was ich finde, um ein Bild von ihm zu schaffen, von ihm und uns, die mit ihm lebten. Es wird kein komplettes Porträt, das ist unmöglich, sondern Stücke und Scherben, wie all die kaputten Porzellansachen daheim, die Bår wieder zusammenklebt. Die Schrift wird keine Kathedrale, sondern eine Holzhütte, eine selbst gezimmerte Hütte, die den geliebten Körper umschließt, das schöne Gesicht, ihn, der nicht mehr hier ist, sondern Asche, die uns davonweht.

Ich will, dass die Leute erfahren, wie er war und was für ein Leben wir zusammen lebten. »Alles zerreißt«, sagte meine Tochter, als sie einmal besonders verzweifelt war. Wenn es Tag ist, zerreißt alles, sagte sie. Es sollte nur noch Nacht sein, sagte sie, und keine Tage mehr geben. Sie sprach aus, was wir alle fühlten.

Ich will erzählen, wie die Trauer ist. Ich will zeigen, wie sie unseren Körper auffrisst, wie sie an einem zehrt und wie die Erschöpfung uns hinabzieht, wenn wir monatelang jede Minute getrauert haben. Ich will zeigen, wie es ist, nicht um zu trösten, sondern um ein Signal an andere zu senden, die es ebenso zerreißt: *Wir sind hier, so geht es uns.* Und: Wir überleben. Wir sterben nicht an der Trauer. Kommen wir je aus ihr heraus und sind wir dann noch wir selbst?

Ich weiß es nicht.

Vor ein paar Wochen dachte ich: Wenn ich einmal sterbe, muss ich wenigstens nicht mehr um Edvin trauern. Ich bin dreiundvierzig. Wie viele Jahre habe ich noch? Vierzig? Fünfzig? Wie soll ich es aushalten, ohne ihn auf der Erde zu sein? So dachte ich, als ich am Fluss spazieren ging. Das tiefe, reißende Wasser zog mich an wie nie zuvor, ich spürte seinen Sog. Normalerweise bin ich gefasster. Wir schicken einen Brief an Familie und Freunde, in dem steht: »Wir möchten, dass unser Heim wieder ein Ort für Lachen und Freude wird.« Der Wille ist da, er ist stark und er hat uns in den letzten Wochen über Wasser gehalten. Doch der Wille ist auch ein dünner Draht in unserem Inneren, so fest gespannt, dass er zittert. Meine Lippen sind straff, mein Körper ist hart, ich bin immer in Alarmbereitschaft.

Edvin ist tot, und ich weiß noch immer nicht, wann genau er starb, wann alles, was ihn ausgemacht hat, verschwand und nur sein Körper übrig war.

In unserem Schlafzimmer, in dem großen Bett, das Bår gezimmert hat und das bei der kleinsten Bewegung knarrt wie ein altes Segelboot, schlafen Idun und Cherry, der Hund meiner Schwester Elisabeth, ein Labradoodle, den wir für ein paar Tage ausgeliehen haben. Mama hat Gardinen genäht, die wir endlich aufgehängt haben. In Iduns Zimmer höre ich Mama, die Iduns Etagenbett kobaltblau und die Leiter Marlboro-rot streicht. Das Bett, in dem Idun noch immer nicht schläft und vielleicht auch nie schlafen wird. Bårs Vater Erik hat es gezimmert. Er hat dazu Teile des alten Etagenbetts der Kinder verwendet.

Morgen werde ich mit der Ärztin telefonieren, die im Rettungshubschrauber dabei war. Sie wird mich um neun Uhr anrufen. Ich muss sie fragen, ob sie weiß, wann Edvin starb. Ob es im Hubschrauber war oder bei der Landung, wie Mama glaubt. Oder im Krankenhaus. Es ist wichtig für mich zu wissen, wann er starb.

Möchtest du sie auch etwas fragen?, sage ich zu Bår. Auch er fragt sich: Wann starb Edvin?

Aus dem Tagebuch, Freitag 30. März 2018

Ich träumte, wir seien auf einem Badeausflug. Edvin hatte einen Schwimmreif und trieb ein Stück entfernt von uns im Wasser. Wir waren irgendwo im Ausland, rings um uns nur Meer. Der Himmel verdunkelte sich, das Wasser wurde grau und die Wellen stiegen an. Wir müssen Edvin zu uns holen, sagte ich zu Bår. Er trieb davon, verschwand in oder hinter einer Welle. Ich hatte solche Angst, das Meer war so grau.

Wenige Tage nach dem Todesfall suche ich Edvins Namen in meinem digitalen Tagebuch, zwei Word-Dokumente, die sich bis 2011 zurück erstrecken, als Idun geboren wurde. In meinem Tagebuch stehen auch Träume, zumindest manche. Schon seit er klein war, habe ich oft von Edvin geträumt. Ich träumte, er würde uns entrissen, dass wir ihn irgendwo zurückließen und nicht wiederfanden oder dass er aus dem Fenster fiel. Oder in den Wellen verschwand.

Ich erzählte Bår von meinen Träumen und achtete darauf, dass Idun nichts hörte. Du träumst viel öfter von Edvin als von mir, würde sie sagen. Vielleicht hatte sie recht. Aber Edvin war der Jüngste, er war unser Nesthäkchen. Tagsüber, wenn die Sonne schien, hatte ich weniger Angst um ihn, aber in meinen Träumen kam sie wieder. Ich fragte mich selbst, warum ich mehr Angst um ihn als um Idun hatte. Vielleicht hing es damit zusammen, dass er öfter ohne uns in Kvam war. Manchmal verbrachte er eine ganze oder gar zwei Wochen bei Mama und Papa. Wie einfach es ist, nur ein Kind zu haben, sagten wir dann und hatten sofort ein schlechtes Gewissen. Durfte man so etwas laut sagen? Wir schliefen eine halbe Stunde länger und führten lange zusammenhängende Gespräche mit Idun beim Abendessen. Edvin liebte es, in Kvam zu sein, dort bekam er Honig aufs Brot und durfte zum Frühstück fernsehen.

Manchmal sagte er sogar, er wolle nicht mehr bei uns wohnen oder dass er nicht zur Familie gehöre. Wenn er verzweifelt war, schlug er sich manchmal mit der Faust an den Kopf, bis er weinte. Vielleicht machte ich mir deshalb so große Sorgen. Oder waren es seine Füße, die ihm öfter wehtaten und die ich massieren musste, wenn er nachts aufwachte und nicht mehr einschlafen konnte? Oh, der Schmerz ist umgezogen!, sagte er einmal, als ich seinen Fuß hielt und ihm plötzlich die Ohren wehtaten.

Nun träume ich wieder von Edvin, von seinem Tod. Ich träume, dass er schon tot ist oder noch am Leben. Oft taucht er nur flüchtig auf, sodass ich kaum mit ihm reden kann. Er ist jede Minute des Tages in meinen Gedanken und jedes Mal, wenn ich im Dunkeln aufwache. Auch wenn ich morgens wach werde, ist er sofort da. *Edvin ist tot.* Wie oft habe ich diesen Satz schon gedacht? Ich sehe ihn vor mir, wie er tot im Krankenhausbett liegt, ange- schlossen an ein Beatmungsgerät. Ich sehe ihn sterbend vor mir, in vielen Szenarien, bei denen ich dabei bin. Wie er ganz plötzlich krank wird, wie ich ihn in Unterwäsche in ein Auto trage. Ich wähle die 113 und erkläre: *Wir brau- chen Hilfe, schnell.* Er stirbt auf immer neue Art und Weise. Der Krisenpsychologe, Kjell Magnus, zu dem Bår und ich seit Edvins Tod gehen, sagt, dies komme wahrscheinlich von dem großen Schock und weil ich nicht dabei war, als es geschah. Ich war nicht dabei und muss es deshalb verarbeiten, indem ich es mir selbst in immer neuen Vari- anten vorstelle. Mama hat ihn ausgezogen, weil er so heiß war. Sie hat den Arzt angerufen und gefragt, was sie mit ihm tun solle. Sie hat ihn ins Auto getragen und auf den Schoß genommen. Papa ist nach Vinstra hinabgefahren, so schnell er es wagte.

Die Straße vom Kvamsfjell in die Ortschaft ist steil und kurvig. Idun saß auf dem Vordersitz und umklammerte ihren Teddy. Fahr nicht so schnell, siehst du nicht, dass das Mädchen Angst hat?, sagte Mama.

Idun erzählte mir später, dass sie tief und langsam atmete, wie sie es gelernt hatte. Ein meditatives Atmen, um ihre Furcht in Schach zu halten.

Ich spüre, dass mir übel wird, und schüttele den Kopf, um die Bilder zu vertreiben. Stattdessen versuche ich, eine Sommererinnerung aus Kvamsfjell aufzuschreiben, doch auch davon wird mir übel. Ich muss jeden Tag schreiben, aber es fällt mir leichter, über das zu schreiben, was hier und jetzt geschieht, mit mir und uns, als über Edvin, als er am Leben war. Es ist schwierig, über seinen Tod zu schreiben, aber wenn ich das geschafft habe, kann ich ihn vielleicht wieder beschreiben, wie er im Leben war: humorvoll, selbstkritisch, bisweilen total verrückt.

Ich habe mit der Ärztin aus dem Rettungshubschrauber gesprochen, eine Dreiviertelstunde lang. Seit dem Einsatz hat sie jeden Tag an Edvin gedacht und an uns, sagte sie. Sie hat mir erzählt, was an jenem Tag vom Abflug in Vinstra bis zur Landung in der Osloer Universitätsklinik geschah. Der Helikopter war aus Dombås gekommen. Als er beim Ärztezentrum von Vinstra landete, waren mehr als zwei Stunden vergangen, seit es Edvin beim Abendessen schlecht geworden war. Ohne dass es jemand sehen konnte, breitete sich die Blutung in seinem Kopf aus und verursachte einen solchen Druck, dass kein Blut mehr ins Gehirn nachfließen konnte. Sie sahen nur einen Körper, der sich in Krämpfen wand, einen kranken Jungen mit erweiterten Pupillen und schwachen Reflexen. Aber sie sahen nicht, was hinter seinen geschlossenen Augen geschah. Bevor sie abflogen, erzählte sie, hatten sich seine Pupillen wieder zusammengezogen. Er bekam Stesolid und vielleicht noch etwas anderes zur Beruhigung. Sein Körper entspannte sich. Die Stimmung war ruhig, es gab keine Krise zu diesem Zeitpunkt. Bevor sie abflogen, begrüßte sie noch rasch Idun und Papa, die dabeistanden. Sie sollten wissen, dass sie die beiden gesehen hatte, das sei ihr wichtig gewesen. Mama stieg mit in den Helikopter. Sie musste sich anschnallen, und wenn sie mit der Ärztin kommunizieren wollte, musste sie auf einen Knopf drücken. Von ihrem Sitz aus konnte sie Edvins Hand nicht erreichen. Als der Hubschrauber aufstieg, sah Mama Papas Auto als kleinen Punkt am Boden. Er fuhr erst los, als der Helikopter verschwunden war. So war es, obwohl ich es mir anders vorgestellt hatte. Ich hatte mir vorgestellt, wie Idun dort unten auf dem Asphalt stand, ihren Teddy umklammerte und dem Helikopter hinterherschaute.

So vieles muss korrigiert werden.

Der Flug sei ruhig verlaufen, sagte die Ärztin. Sie mussten herausfinden, wohin sie Edvin fliegen sollten. In dem medizinischen Abschlussbericht schrieb sie »wohnhaft in Oslo« mit einem Fragezeichen in Klammern. Sie waren nicht ganz sicher, glaubten aber, dass die Eltern sich in Oslo aufhielten und flogen dorthin. Sie sah, dass es Edvin schlecht ging, wusste aber nicht, was er hatte. Sie zog Verschiedenes in Erwägung, das die gleichen Symptome verursacht, zum Beispiel Epilepsie oder einen Gehirntumor. Seine Werte waren während des Flugs in Ordnung, er atmete, und sein Blutdruck war akzeptabel. Sie saß neben ihm und streichelte ihn. Er war bewusstlos, aber seine Werte waren okay. Mama drückte auf den Knopf und fragte, ob es vielleicht ein Schlaganfall sein könne. Die Ärztin antwortete nicht, wahrscheinlich hatte sie sie nicht gehört. Wenige Minuten vor der Landung maß sie Edvins Blutdruck für den Bericht, und in diesem Moment schoss er nach oben und Edvin bekam Atemnot.

Als sie auf dem Heliport der Universitätsklinik landeten, hörte er auf zu atmen, und sie »beutelten« ihn – gaben ihm Luft mit einem einfachen, handbetriebenen Respirator.

Ich fragte sie: Als Sie dort im Hubschrauber saßen, dachten Sie nicht, dass dieser Junge sterben würde?

Nein, sagte sie. Ich dachte nicht, dass er sterben würde.

Sie war überrascht, als es ihm plötzlich so schlecht ging.

Ich fragte, wann Edvin ihrer Meinung nach gestorben sei.

Ich glaube, er starb, als wir landeten, sagte sie.

So habe ich es auch verstanden, sagte ich und weinte.

Donnerstag, 2. Juli, die Ferien hatten gerade begonnen. Mama wollte selbst fahren, ich saß auf dem Beifahrersitz. Hinter uns die drei blonden Kinder: Edvin, Idun in der Mitte und rechts Johannes, der jüngste Sohn meines Bruders. Wir wollten einen Monat auf der Hütte verbringen – ganze Tage könnten wir vertrödeln. Wir fuhren die kurvige Straße von Kvamsfjell hinab, wo das große Hochwasser 2013 alles mit sich gerissen hatte, Steine, Bäume, Häuser. Die Flussufer waren neu angelegt, erdrutschsicher planiert, und das Grün hatte die zerstörten Gebiete wieder halbwegs bedeckt. Wir wollten nach Vinstra, um ein paar Sachen einzukaufen. Anstelle der E6 nahmen wir die alte Straße, von der aus wir mehr von der Ortschaft sahen: die längst geschlossene Spanplattenfabrik, die Kirche, die inzwischen ebenfalls geschlossene Tankstelle, die zuerst mein Großvater und dann mein Onkel betrieben hatte, und an der ich und etliche meiner Geschwister gejobbt hatten. Wir waren erst wenige Tage auf der Hütte und wollten den ganzen Sommer dort bleiben, während Bår in Oslo die Wohnung renovierte.

Johannes kaute schmatzend Kaugummi, die Kinder plapperten so laut, dass Mama sie bat, ein wenig leiser zu sein. Johannes erzählte einen Witz über eine Frau, die unter der Dusche stand, als es an der Tür klingelte. Er ließ sich viel Zeit. Als er fertig war, erzählte Edvin einen Witz über die Bewohner der Insel Mols, den er von Großvater gelernt hatte. Es ging um die zwei Volksgruppen, die die Grenze zwischen ihren Gebieten ziehen sollten, indem sie einen Hut vor sich auf den Boden legten. Mols-Witze waren die besten, da waren Edvin und Idun sich einig.

Es war so schönes Wetter, der Himmel war tiefblau. Am Horizont hingen dicke graue Wolken. Auf beiden Seiten der Straße wiegten sich grüne Birken im Wind. Mama wusste von jedem Bauernhof, an dem wir vorbeikamen, wer früher dort gewohnt hatte und wer heute dort wohnte, wer verheiratet und wer geschieden war.

Mama war Vorsängerin. Sie brachte den Kindern ein Lied bei, das sie schon in der Grundschule gelernt hatte. Ich nahm das Telefon und filmte sie. Auf dem Video sieht man zuerst den Himmel und die Straße, dann drehe ich die Kamera um. Da sitzen sie und singen laut und deutlich: »Mit einem Lächeln geht vieles leichter. Mit einem Lächeln erreichst du mehr. Die Welt wird bunter, der Himmel heiter, und vieles scheint nicht mehr so schwer.«

Die Kinder singen das Lied wieder und wieder. Idun mit ihrem zierlichen Gesicht, das mit Sommersprossen wie aus einem Kinderbuch übersät ist, und dann sieht man kurz Edvin, mit schwarzem T-Shirt und langen Haaren, ehe das Video abbricht. Er lächelt mit zusammengekniffenen Lippen, man sieht keine Zähne. Wenn ich mir das Video ansehe, frage ich mich, wann er sich das angewöhnt hatte. Mochte er sein Lächeln nicht? Glaubte er vielleicht, ein großer Junge müsse so lächeln? Es sah so einstudiert aus, seine Schwester hatte das nie getan. Bestimmt gewöhnt er es sich wieder ab, dachte ich damals.

Sommerliche Ausflüge mit dem Auto gehören zu meinen schönsten Kindheitserinnerungen. Auch wir saßen zu dritt auf dem Rücksitz, hinter uns im Kofferraum ein Labrador. Aus dem Autoradio kam Countrymusik, und wir fuhren irgendwohin. Oft wussten wir gar nicht, wohin es ging. Nach links oder rechts?, fragte Papa an der großen Kreuzung, wo die E6 abzweigte.

Ende Juni 2020 waren die Kinder voller Erwartungen an den Monat, der vor ihnen lag. Es würde ein ganz anderer Sommer werden, sagten sie mehrmals. Wir werden das Beste draus machen, sagte ich.

Die Hütte, eigentlich ein alter Hof mit Wirtschaftsgebäude, Stall und Scheune sowie einem dazugehörigen Acker, ist komplett eingerichtet, mit Bad, Spülmaschine und allem, was man braucht. Jeden Sommer verbringen wir mindestens eine Woche dort. Sie liegt geschützt, keiner sieht uns, was wichtig ist. Wir können selbst entscheiden, ob die Nachbarn uns sehen sollen oder nicht. So ist es überall in Kvamsfjell. Keine Skipisten, wenig Snobismus, wenig Leute, wenig von allem, außer Natur. Wir wollten wandern, Eis essen und zum Rustugusetra gehen, dem kleinen Café, das nur einen Steinwurf von der Hütte entfernt liegt. Ich hatte Angst, dass es mich zu sehr erschöpfen würde, weil ich wegen Stoffwechselproblemen jeden Tag Mittagsschlaf machen muss. Aber Mama wollte mir mit den Kindern helfen, es würde schon klappen. Ich ertappte mich sogar bei dem Gedanken, dass ich wohl das bessere Los als Bår gezogen hatte. Lieber vierundzwanzig Stunden am Tag allein mit den Kindern, als sich in einer heißen Wohnung in Oslo abzurackern.

Im Einkaufszentrum von Vinstra gab es einen Gardinenladen, wo wir nach Vorhängen für die neuen Kinderzimmer suchten. Als wir die alte Küche aufteilten, teilten wir auch das Fenster. Ein Flügel für das eine, zwei für das andere Zimmer. Ein schmales Zugabteil für jedes Kind, aber ihr eigenes Reich, wo sie einander nicht störten. Idun wollte rosa Gardinen mit weißen, kranichartigen Vögeln. Die Kinder rannten in alle Richtungen, beanspruchten beide meine Aufmerksamkeit und machten es fast unmöglich, mit der Verkäuferin zu sprechen. Ich wollte, dass auch Edvin seine Vorhänge selbst aussuchte. Er sah sich um und zeigte auf einen Stoff mit hässlichen braunen Elchen. Oh nein, dachte ich, wie kann ich ihm das ausreden? Sie waren furchtbar, aber zum Glück entdeckte er als Nächstes das gleiche Muster wie Iduns, nur mit blauem Hintergrund. Ein kleines Wunder, denn Edvin verabscheute alles, was rosa war, wie Nagellack und andere feminine Dinge. Fast alles, was er malte, anzog oder womit er sich umgab, war typisch Junge: lustig oder grotesk anstatt wohnlich oder elegant. Und plötzlich suchte er Gardinen aus, die mir auch gefielen. Ehe er es sich anders überlegen konnte, bestellte ich die Stoffe für beide.

Auf dem Weg aus dem Einkaufszentrum trug Idun Edvin auf dem Rücken. Sie war neun, er sechs, fast sieben. Inzwischen war er fast so groß wie sie. Sie hatten lange dünne Beine und Arme, lachten viel und waren immer auf hundertachtzig. Sie hätten Zwillinge sein können.

m Spätherbst, als die dunklen Abende allmählich meinen Körper umschlungen, brachte ich den Müll hinaus, zwei Tüten, die ich in den Container vor dem Haus werfen wollte. Ich stand dort mit meinen Müllsäcken, und plötzlich kam ich mir vor wie an jenem Abend im August, als ich vor dem Haupteingang auf das Taxi wartete. Ich sah mich selbst dort stehen, in Jeans und Strickjacke mit dem orangen Koffer neben mir. Bår hatte ich gebeten, mit dem E-Bike zur Uniklinik zu fahren, damit wenigstens einer von uns da wäre, falls das Taxi zu lange brauchte.

Als ich dort wartete, kamen mir die Tränen. Auf einmal begriff ich den Ernst der Lage. Eine Frau kam zu mir und fragte, ob sie helfen könne. Ich sagte, mein Junge sei mit dem Rettungshubschrauber unterwegs ins Krankenhaus, und ich warte auf ein Taxi. Sie bot mir an, mich zu fahren, und ich nahm dankend an. Auf dem Weg zur Tiefgarage gegenüber von unserem Haus sagte sie, alles würde gut mit meinem Sohn. Ich war mir da nicht mehr sicher. Vielleicht wusste ich schon, dass er sich in Lebensgefahr befand. Das Ganze geschah wenige Minuten bevor er starb. Zu diesem Zeitpunkt atmete Edvin noch selbst. Er war in der Luft. Er flog mit einem Helikopter. Er war auf dem Weg zu uns. Ich betrat die große Tiefgarage mit einer unbekannten Frau, um ihr Auto zu suchen. Die Garage war wie ein Betonlabyrinth. Ich war nicht ich selbst. Eine unbekannte Nummer rief an. Es war der Taxifahrer, der draußen auf mich wartete. Ich komme, sagte ich, verabschiedete mich von der Frau, ging mit meinem Koffer hinaus und setzte mich auf den Rücksitz des Taxis. Wir fuhren zur Uniklinik.

Die Abende waren noch hell und die Laubbäume am Straßenrand dunkelgrün. Aus den offenen Fenstern drangen viele Stimmen.

Der Abend, an dem ich mit dem Müll dort stand, war kühl und dunkel. Ich schüttelte die Erinnerung ab und begrüßte einen Nachbarn, der einkaufen ging. Ich konzentrierte mich, schloss den Deckel auf, legte die Tüten hinein und zog den Griff zu mir, sodass der Müll in den Container fiel. Es fühlte sich an, als würde ich etwas Wichtiges wegwerfen, als würde ich einen Fehler machen, ja, als würde ich auch Edvin wegwerfen. Jetzt ist Edvin gestorben, dachte ich, schloss den Deckel ab und steckte den Schlüssel ein. Ich drehte mich um und ging zurück in die Wohnung, wo Idun und Bår warteten. Edvin war schon seit mehreren Monaten tot.

Die Zeit ist ein Tau, das vor mir am Boden liegt und von einem Punkt zum nächsten führt, vom Anfang bis zum Ende, von der Vergangenheit durch die Gegenwart in eine ungewisse Zukunft. Wir wissen, was geschehen ist. Wir können ungefähr erkennen, wo wir stehen, aber wir wissen nicht, was der nächste Augenblick bringen wird. Wir legen ein Brett vor das andere, bauen eine Treppe in die Luft – wie Serafin und Plum in *Serafin und seine Wundermaschine* – und hoffen, dass sie halten wird.

Am Abend des 10. August 2020 verknotete sich das Tau, es verhedderte sich und zog sich zusammen. Unser Leben kollabierte.

Wie konnte es sein, dass wir ein Kind bekamen, das sterben würde? Wie konnte es sein, dass Idun einen kleinen Bruder bekam, den sie verlieren würde?

ch kam mit dem Taxi zur Uniklinik, Bår kam kurz darauf mit dem E-Bike. Sie führten uns zur Intensivstation für Kinder im dritten Stock und in ein Zimmer, wo wir mit Masken vor unseren Mündern saßen und warteten. Wir wussten, dass es ernst war und dauern würde. Ein Arzt kam herein und sprach mit uns. Ich konnte nicht richtig durch die Maske atmen und bat um Erlaubnis, sie abzunehmen. Wir sagten, was wir wussten oder was wir zu wissen glaubten. Dass Edvin einen hohen Blutzuckerwert habe, was wir zu diesem Zeitpunkt glaubten, obwohl es sich als falsch herausstellte. Wir dachten, es könne Diabetes sein. Er hielt es ebenfalls für wahrscheinlich. Dann führten sie uns zu einem Zimmer für Angehörige. Kurz darauf kam Mama herein, verheult und zitternd, mit Erbrochenem auf ihrem T-Shirt. Als käme sie aus dem Nichts, als wäre sie auf diese Bühne geschickt worden, wo wir nichts anderes taten als warten. Unsere versteinerten Gesichter, Mamas Zittern. Heftiges Unwohlsein im Bauch. Wir waren völlig ratlos. Zu diesem Zeitpunkt wussten wir, dass er bei der Landung aufgehört hatte zu atmen. Oder vielleicht hatte Mama uns das erzählt. Dass er nicht selbst atmete, sondern beatmet wurde.

Sie hatten Edvin zum CT gebracht. Er war an einem anderen Ort als wir, ich spürte so stark, dass ich bei ihm sein sollte. Aber wir konnten nicht, wir mussten warten, und während wir warteten, waren wir uns selbst überlassen. Mama fragte, was ich in dem großen orangen Koffer habe. Kleider und ein Manuskript, sagte ich. Ich rechnete damit, dass wir ziemlich lange im Krankenhaus bleiben mussten. Wir saßen im Wartezimmer, sie, Bår und ich. Mama konnte nicht still sitzen, ich auch nicht. In der Nähe gab es einen kleinen Balkon zum Luft schnappen. Wir konnten kaum atmen und wussten nicht, was wir denken sollten. Ich musste dauernd auf die Toilette der Kinderstation. Mein Gehirn war in Alarmbereitschaft, hinter einer geschlossenen Tür saßen Krankenpfleger, aber sie wussten nichts oder konnten uns nichts sagen. Wie lange werden sie uns noch warten lassen?, fragte ich. Bår sagte, wir müssten einfach warten und sie ihre Arbeit tun lassen. Wir waren so allein auf dem Balkon und im Wartezimmer, und auf einmal sagte Bår, das mit den Pupillen sei ein schlechtes Zeichen. Es könnte ein Schlaganfall sein, sagte er. Das wolle ich nicht einmal denken, sagte ich, dazu war ich nicht bereit.

Ich dachte, ich würde mich an alles aus dem Krankenhaus erinnern. Was wann geschah. Wie es dort aussah, wer mit uns sprach. Aber ich erinnere mich nur an Fragmente und einzelne Sätze. Ich erinnere mich an einen der Ärzte, doch es waren immer mehrere, wenn sie mit uns sprachen. Dass Bår das Wort »Schlaganfall« sagte, war mir komplett entfallen. Ich wollte es dort nicht hören, verdrängte es sofort. Diabetes ging, diese Angst kannte ich, aber Schlaganfall und Gehirnblutung hatte ich nie befürchtet. Warum sollte ich auch?

Wie lange würden sie uns noch warten lassen und wann durften wir endlich Edvin sehen?

Ich will zurück zu jenem Abend im Krankenhaus. Dann würde ich laut rufen: ICH WILL MEINEN SOHN SEHEN! ICH WILL BEI IHM SEIN.

Wir hatten sehr lange gewartet, als drei Ärzte zu uns ins Zimmer kamen. Eine von ihnen trug eine OP-Maske. Ich erinnere mich nur an sie. Wie wir ihr Gesicht sahen. Ihre Stimme hörten. Alles an ihr war schwer, als sie den Raum betrat.

Ich fürchte, ich habe schlechte Neuigkeiten, sagte sie. Und dann: Edvin wird es nicht schaffen.

Wie meinen Sie das?

Er wird nicht überleben.

Auf dem CT sah man, dass der Druck, den die Blutung geschaffen hatte, die Blutzufuhr zum Gehirn verhinderte. Die Blutung sei mittelgroß, aber der Druck sei so rasch gestiegen, dass das Hirn keine Aktivität mehr zeige. Ich weiß nicht mehr, welche Worte sie gebrauchte.

Sagte sie das Wort »tot«? Dass er tot sei oder sterben würde?

Bevor sie hereinkam, war der Tod ausgeschlossen.

War er schon tot oder würde er sterben?

Sie müssen doch etwas tun können!, sagte ich und stellte mir vor, dass sie die Schädeldecke öffneten, um den Druck zu vermindern.

Es ist zu spät, sagte sie.

Aber das geht nicht, sagte ich, er wird doch im Oktober sieben.

Es klang, als würde ich schauspielen. Ich krümmte mich zusammen und presste die Hände auf den Bauch. Bestimmt sah es übertrieben aus, aber ich konnte kaum atmen. Keiner von uns schrie oder raufte sich die Haare, und doch kamen wir uns vor wie Schauspieler.

Später sah ich in den Papieren vom Krankenhaus, was sie gesagt hatte: »unvereinbar mit weiterem Leben«. Ich hörte nur »tot« – dass Edvin nicht mehr lebte.

Mama erzählte mir vom letzten Tag, an dem Edvin lebte. Die Kinder waren quengelig, und um die Stimmung zu heben, war sie mit ihnen spazieren gegangen. Nicht weit, nur bis Måsåplassen und zurück. Auf dem Rückweg, kurz vor der Hütte, blieb Edvin ein Stück hinter den anderen zurück. Ganz mit sich selbst beschäftigt lief er umher, wie meistens. Beim Salmakerkvea drehte Mama sich nach ihm um. Er hatte die Schuhe ausgezogen. An den Tagen davor hatte es geregnet, die harte Erde war lehmig und aufgeweicht. Edvin stellte sich mit beiden Füßen fest in den Lehm, trat einen Schritt zurück und betrachtete zufrieden das Ergebnis. Auch Mama sah die Fußabdrücke und dachte noch, dass sie zurückkommen und sie fotografieren sollte, was sie später vergaß. Edvin kam mit den Schuhen in der Hand hinterher, und sie gingen zur Hütte. Wenige Minuten später war die Lehmkruste von seinen Füßen abgebröckelt.

Das Gedächtnis ist unzuverlässig. In einer E-Mail schrieb Mama, sie sei nicht mehr sicher, wann dies geschah. Vielleicht war es schon früher im Sommer gewesen, schrieb sie, also, bevor die Kinder nach Steinkjer fuhren. Ja, vielleicht. Aber sagen wir einfach, dass es am letzten Tag geschah, und nicht früher. So hat sich die Geschichte in mein Gedächtnis eingebrannt. Mama, die sich umdreht, Edvins Füße in der lehmigen Erde nach dem Regen. Seit Edvins Tod bemerke ich, wie die Erinnerung sich immer wieder verschiebt. Wie oft muss ich das Tagebuch öffnen, um nachzusehen, und wie oft finde ich heraus, dass ich etwas auf den falschen Tag gelegt oder verschiedene Dinge zusammengelegt habe. Aber was ich schreibe, soll auch wahr sein.

Trotzdem lasse ich es jetzt stehen. An seinem letzten Tag hinterließ Edvin seine Fußabdrücke im Lehm, schreibe ich. Die Abdrücke wurden vom nächsten Regenschauer weggespült. Als läge darin eine Botschaft.

Sie vermuten, die Blutung sei von einem Aneurysma gekommen, der Verformung einer Ader, die sie verletzlich gemacht hat. Wie eine Biegung in einem Flussbett. Wenn im Frühling der Schnee schmilzt, läuft der Fluss an solchen Stellen über die Ufer. Es hätte schon früher, aber auch viel später geschehen können. Sechs Jahre und über zehn Monate lang hatte Edvin eine tickende Zeitbombe im Kopf gehabt.

Hätten wir wissen müssen, dass Edvin eine solche Ader hatte? Viele Menschen mit Aneurysma wissen nichts davon. Sie sterben damit, nicht daran. Bei Kindern in diesem Alter sind Gehirnblutungen äußerst selten. Wenn ich es google, erfahre ich, dass dies nur 2 bis 5 Kinder von 100000 betrifft. Wie viele Zweitklässler gibt es im Herbst 2020 in Norwegen? In Edvins Geburtsjahr, 2013, kamen in Norwegen 58995 Kinder zur Welt. 30138 davon waren Jungen.

Wie viele von ihnen sterben, bevor sie zur Schule gehen, weiß ich nicht. Nur ein- bis zweimal im Jahr bekommt die Kinderstation der Uniklinik Kinder mit Gehirnblutungen, die sie nicht retten können, sagen sie. Ein bis zwei. Das sind so wenige, fast keine. Edvin und noch ein Kind. Vielleicht ist es in einem Jahr nur ein Kind und im nächsten sind es drei. Eines, das am Morgen nicht mehr aufwacht, eines, das mit einem Freund Computerspiele spielt, eines, das beim Abendessen mit seiner Schwester am Tisch sitzt. Es greift sich an den Kopf und klagt, und dann ist Schluss.

Es war ein kahles Zimmer, weiß und unfertig. Das Bett stand mittendrin, daneben Messgeräte und in der Ecke ein Tisch, an dem die Pfleger seinen Zustand überwachen und ihre Berichte schreiben konnten. Der Raum war längere Zeit nicht benutzt worden. Während wir dort standen, trugen sie einen knallroten Ruhesessel herein und später noch einen.

Edvin lag dort, den Kopf leicht zur Seite geneigt. Ein Schlauch hing in seinem Mund, mit Klebeband befestigt, sein Haar war zur Seite gekämmt. Er sah aus wie er selbst, als würde er schlafen, aber die Farbe unter seinen Augen war nicht gesund, als wäre er krank. Er hätte schlafen können, doch als wir zu ihm gingen, begriffen wir irgendwie, dass er tot war. Sie hatten es uns gesagt, und als wir ihn berührten, spürten wir es selbst. Seine Haut war kühl, vierunddreißig Grad vielleicht, und ich spürte es deutlich: Edvin steckte nicht darin.

Der Druck war einfach zu groß. Sie konnten keine Gehirnaktivität mehr erkennen, aber sein Herz schlug noch, und das Beatmungsgerät pumpte Luft in seine Lungen. Und trotzdem. In der Zeitung hatte ich einen Artikel über einen erwachsenen Jungen gelesen, der bei einem Verkehrsunfall schwer verletzt worden war. Im Krankenhaus trat eine weitere Gehirnblutung auf, sie mussten die Schädeldecke öffnen. Sie glaubten, er würde sterben und dass er hirntot sei. Doch dann sang ihm seine Mutter ein Lied, und die Messinstrumente schlugen aus. Sie sahen, dass es noch Aktivität in seinem Gehirn gab, oder vielleicht krümmte er die Finger um die Hand seiner Mutter. Er würde also doch nicht sterben, sondern leben, wenn auch mit bleibenden Schäden. Als ich mich Edvin näherte, dachte ich an diesen Jungen. Ich neigte mich zu ihm und sang oder summte ein paar Töne, wahrscheinlich »Schlafe, mein Prinzchen«, weil ich das immer für ihn gesungen hatte, doch ich hörte schnell wieder auf. Wahrscheinlich hatte es keiner gehört (was hätten sie von mir gedacht?), und eigentlich glaubte ich auch nicht, dass er noch lebte, also hörte ich auf.

Sein Gehirn. Unbegreiflich, dass es tot sein sollte, sein einzigartiger Kopf, voller Ideen und merkwürdiger Assoziationen, alles, was in seinen fast sieben Jahren darin Form angenommen hatte. Erinnerungen und Abscheu und Liebe. Alles, was er mochte und nicht mochte. Honig, Dinge mit Klebeband umwickeln, draußen in der Natur sein. Eine grüne Raupe auf dem Finger. Sommer. Die blauen Flecke auf seinen Beinen, wo er sich im Lauf der Ferien gestoßen hatte oder hingefallen war. Alles aus dem großen Speicher seines Kopfes, auch von den letzten Tagen, als wir in Oslo waren und er mit Idun in den Ferien. Alles, was ich nicht gesehen hatte. Und jetzt sollte es weg sein. Überschwemmt, leer gefegt. Edvin, alles an ihm. Unter seinen geschlossenen Augenlidern ahnte ich die erweiterten Pupillen, aus denen alles Blau verschwunden war. Seine schönen blauen Augen.

Eine Sturzwelle hatte uns überrollt. Ich sah Mama an, in ihren Shorts und dem roten T-Shirt, ihr ratloses Gesicht. Und Bår. Er hatte Edvin seit vielen Wochen nicht gesehen. Er neigte sich zu ihm und vergrub die Nase in seinem Haar.

Wir berührten ihn. Streichelten seine Hände, küssten seine Stirn.

Mama erzählte, dass er am selben Tag gelernt hatte, wie man ein Rad schlug. Schaut, sagte sie und hielt eine Hand um seinen Fuß, seine Füße sind immer noch grün vom Gras.

Das Erste, was ich drei Tage später ins Tagebuch schrieb, war: »Edvin ist tot. Wir leben. Wir wollen nicht sterben.«

Wir lebten, wir waren noch immer hier.

Und Idun.

Wir mussten es Idun sagen. Sie war bei meiner Schwester Elisabeth in Ruste, das bei Vinstra auf der anderen Seite des Flusses liegt.

Wir durften den Anruf nicht hinauszögern, aber wie erzählt man vom Tod des Bruders?

Iduns Stimme am Telefon.

Geht es Edvin gut?, fragte sie. Die helle, klare Stimme, so dünn durch die Leitung und so weit weg.

Nein, Idun, es geht ihm leider nicht gut.

Edvins Tod.

Iduns Weinen.

Bis zu diesem Augenblick hatte er für sie gelebt. Vielleicht lebte er auch noch danach für sie.

Es braucht lange, bis die Toten sterben.

Fast eine Nacht und einen Tag waren wir bei Edvin im Zimmer.

Darf ich auf einer Matratze neben seinem Bett liegen, fragte ich die Krankenpflegerin. Es war mitten in der Nacht, wir warteten auf Idun, meine Schwester, ihre Tochter Inga Nella und Papa, die mit dem Auto auf dem Weg zu uns waren. Sie würden weit über drei Stunden brauchen. Wir mussten schlafen.

Das geht nicht, sagte sie. Sie hätten das Zimmer nicht ordentlich gereinigt, sagte sie, es sei nur rasch bereit gemacht worden.

Verstehe, sagte ich.

Wir hätten in einem Hotelzimmer im Gebäude nebenan schlafen können, aber das war viel zu weit weg von Edvin.

Wir gingen ständig hinaus und wieder hinein. Einer saß an seinem Bett, die anderen im Hintergrund. Wir wechselten uns ab, hielten seine Hand, hielten einander an der Hand. Ich saß auf Bårs Schoß in dem roten Ruhesessel. Draußen war es dunkel, es war Nacht. Edvin war tot, und wir warteten darauf, dass die anderem aus dem Gudbrandsdal kamen. Wir mussten essen, teilten uns eine Banane und bekamen belegte Brote. Ich musste schlafen. Sonst würde ich mich nicht um Idun kümmern können. Ich nahm zwei Schmerztabletten und schlief auf Mamas Schoß im Angehörigenzimmer ein, während sie auf ihr Telefon starrte. Als ich weniger als eine Stunde später aufwachte, war es draußen dunkel. Ich fragte mich, was geschehen war.

Für einen kurzen Augenblick hatte ich vergessen, dass Edvin tot war.

Die Stunden mit Edvin in dem Zimmer. Bår neben dem Bett, in der zerschlissenen grünen Kapuzenjacke. Er beugte sich über seinen Jungen, legte den Kopf an Edvins Stirn. Scheiße!, sagte er. Scheiße!

Mamas Verzweiflung. Sie war wie eine zweite Mutter für Edvin. Das kann ich gar nicht mit ansehen, sagte Mama, als ich auf Bårs Schoß saß. Sie musste hinausgehen, und ich musste mich entscheiden. Sollte ich bei Edvin bleiben oder ihr hinterherlaufen? Ich bat Bår, zu ihr zu gehen. Später dachte ich: Ich hätte mehr Zeit bei Edvin verbringen sollen, hätte die ganze Zeit dicht bei ihm sein sollen. Aber das ging ja nicht, ich schaffte es einfach nicht. Zweimal lag ich ganz dicht an seinem Körper. Die Krankenpfleger schoben ihn vorsichtig zur Seite, damit ich mehr Platz hatte. Zweimal lagen wir dort zusammen, er und ich. Einmal in der Nacht, einmal am nächsten Tag.

Ja, so war es.

In der Morgendämmerung bekamen wir die Nachricht, dass die anderen angekommen waren. Ich breitete meine Strickjacke über Edvin aus und wickelte mir eine Krankenhausdecke um. Bår und ich nahmen den Aufzug nach unten und holten sie an der Rezeption ab. Wir sahen sie durch die Schiebetür, Papa und Idun, Idun in Jeansjacke und kurzen Jeans. Normalerweise hätten sie direkt hereinkommen können, aber Corona machte alles schwieriger.

Ich muss Ihnen ein paar Fragen stellen, sagte die Frau

an der Rezeption, und ich antwortete – oder schrie ich? –:
Ihr Bruder ist tot, bitte machen Sie schnell!

Wir blieben den ganzen Tag dort. Die Sonne schien
durchs Fenster, legte sich wie Filz über Edvins Körper,
ich schlug die Decke zur Seite, um ein Bild von seinen
Füßen und den hübschen Knien zu machen. Das Licht
fiel direkt auf seine Beine. Vor dem Fenster saß eine Taube
und neigte den Kopf. Wenn wir aus dem Fenster schauten,
sahen wir auf ein Viereck mit etwas Vegetation hinab. Ein
geschlossener Ort.

Selbst in diesem Zimmer gab es eine Art Alltag.
Schichtwechsel, einige Krankenpfleger gingen heim zum
Schlafen, andere waren früh aufgestanden. Wir fragten,
ob wir Kaffee bekommen könnten, und sahen einander
verwundert an. Wir brauchten doch Kaffee, also tranken
wir ihn bei unserem toten Sohn. Jetzt waren wir zu siebt in
dem Zimmer. Wir sahen das Unverständnis in den Augen
der anderen, sie wunderten sich wohl auch. Das ist krank,
sagte Papa, das geht nicht!

Alle waren zutiefst ratlos. Inga Nella, fünfzehn Jahre. Sie
liebte ihn wie einen Bruder. Nur wenige Stunden zuvor
war sie mit meiner Schwester zu Besuch auf der Hütte
gewesen, kurz bevor Edvin schlecht wurde.

Bår hatte Idun auf dem Schoß und saß auf dem Sessel,
während ich neben Edvin lag. Er sprach leise mit ihr und
erklärte, wie es um Edvin stand und was die Apparate rings
um ihn bedeuteten. Eine Krankenpflegerin mit hübschen
Augen, silbern schimmerndem Haar und Schutzmaske
brachte ein Kuscheltier und fragte Idun, ob sie es haben
wolle. Es war ein ganz weicher Eisbär. Ich dachte noch,
dass sie ihn bestimmt unten im Kiosk von ihrem eigenen
Geld gekauft hatte. Ich erinnere mich an die tränener-

füllten Augen der Krankenpfleger und wie sehr es mich rührte, dass sie traurig waren. Dies war kein Ort mehr, wo man Leben rettete. Stattdessen wollten sie dem Tod einen würdevollen Rahmen geben – für uns, die Hinterbliebenen. In dem Zimmer herrschte eine Ruhe, die mich noch heute verwundert. Das Schlimmstmögliche war geschehen. Wir waren fassungslos und benommen. Von außen betrachtet sahen wir vielleicht ruhig aus, aber unser Atem drang nicht mehr tief in die Lungen. Meine Haut tat weh, meine Arme und Beine waren so empfindlich, dass jede Berührung schmerzte. Edvin lag dort mit einem stillen Gesichtsausdruck.

So friedlich der Tod ist, so furchtbar ist er auch.

Während die Februarsonne Muster an die Wand wirft und die ersten Knospen an den Zweigen hervorschauen, beginne ich zu streichen und zu redigieren. Ich bin erleichtert, dass ich es schaffe, denn es muss wohl bedeuten, dass ich ein wenig Abstand zu dem gewonnen habe, was mit Edvin geschehen ist, dass es eine gewisse Distanz zwischen mir und dem gibt. Und damit auch zwischen ihm und mir. Ich schreibe über alles, was geschehen ist, vom Präteritum zum Präsens, und fühle mich, als würde ich ihn totschreiben.

Lange Zeit war ich nicht in der Lage, über das Zimmer im Krankenhaus zu schreiben. Ich schob es auf. Auch wie Edvin im Leben war, konnte ich nicht beschreiben. Dabei wollte ich ein Holzhaus um ihn errichten und ihn quicklebendig zeigen, immer in voller Fahrt. Aber es tat einfach zu weh. Stattdessen schrieb ich über die Trauer, die die Tür zu unserer Wohnung aufgerissen und sich bei uns niedergelassen hatte. Ich schrieb über mich selbst, das konnte ich. Über meine Auffassung der Geschehnisse, die wechselhaft war wie die Wolken am Himmel. Ich drang tiefer und tiefer in die Trauer ein, und das Schreiben wurde lebenswichtig. Ich musste weiterschreiben, wie ich weitergehen musste, einen Fuß vor den anderen, immer weiter. Was ich schrieb, war unlesbar, es war nur für mich. Der Tod. Die Trauer. Edvin. Wir. Alles war ein einziges Chaos. Ich suchte nach einer Ordnung oder einer Struktur in dem Chaos. Eines Tages im Frühling, dem ersten Frühling ohne Edvin, setzte ich mich mit einem Take-away-Kaffee und meinem Notizbuch auf die Bank an seinem Grab. Ich zeichnete einen kleinen Kreis, um den ich viele weitere Kreise zog. Ein stiller See, in dessen Mitte ein riesiger, schwerer Felsbrocken landet. Das Wasser spritzt auf, Riesenwellen. BUMM! Dieser Sturz ist Edvins Tod. Dort in der Mitte ist Edvins Tod. Die Bombe in unserem Leben. Zuerst sind die Wellen steil und hoch, dann beruhigt sich das Wasser etwas und sie breiten sich kreisförmig aus. Je weiter sie von dem Felsbrocken entfernt sind, desto schwächer werden sie. Der Einschlag ist der Schock, das *Furcht-*

bare. Dorthin muss ich durch mein Schreiben gelangen, bis zu dem Felsen, mitten in den Sog. Ich muss mich dorthin schreiben, ehe ich mich ans Ufer schreibe. Mitten hinein. Dort ist mein toter Junge.

Es muss Nacht gewesen sein, denn es war dunkel und still, und ich sagte zur Krankenpflegerin, die gerade Dienst hatte, dass wir über mögliche Organspenden reden müssten. Ich glaube nicht, dass wir je darüber gesprochen hatten, Bår, Mama und ich. Wir brauchten einander nicht zu fragen. Wir mussten einfach einsehen, dass Edvin tot war, bevor einer von uns das Wort laut aussprechen konnte. Es war uns klar, dass wir damit in den natürlichen Prozess eingriffen. Wir konnten nicht dasitzen und ihn an der Hand halten, bis sein Körper aufhörte zu existieren. Wir mussten ihn fortschicken, in einen Operationssaal, wo sie seinem Körper entnahmen, was andere brauchten, und dann die Maschinen ausschalteten.

Auch das nahmen wir »mit Fassung«, wie es heißt. Vielleicht verschaffte es uns eine gewisse Erleichterung.

Es gebe keine Eile, sagte die Krankenpflegerin, die Gespräche über Organspenden könnten bis zum nächsten Tag warten.

Wir gingen weiter hinaus und hinein. Ich hielt es nie lange in dem Zimmer aus, aber ebenso wenig hielt ich es aus, nicht dort zu sein. Und Idun. Wie lange darf man ein neunjähriges Mädchen in einem solchen Zimmer lassen? Ich zitterte, als wäre ich elektrisch geladen. Ich hatte Bauch- und Kopfschmerzen. Einen üblen Geschmack im Mund.

Am Vormittag nahmen sie die Bettdecke weg und breiteten eine Art Plastikdecke über ihn, in die sie warme Luft bliesen. Dann breiteten sie die Decke wieder darüber aus. Rasche, routinierte Hände. Zu diesem Zeitpunkt begann er, seine Körperwärme zu verlieren. Sein Gehirn war tot, aber sein Herz schlug weiter. Vorläufig sorgte die Medizin dafür, dass der Körper weiter funktionierte, doch bald würden die Organe aufgeben. Wenn wir uns nicht für eine Organspende entschieden hätten, könnte es noch ein bis zwei Tage dauern, sagten sie, bis die Organe von selbst kollabierten und er für tot erklärt würde.

Wir alle hatten kaum geschlafen. Einmal waren wir in dem Hotelzimmer, das sie uns zugeteilt hatten, und schlummerten kurz ein. Ich duschte, föhnte mir die Haare und schminkte mich. Ich zog mein Sommerkleid an. Dann gingen wir in dem Wald auf der anderen Seite des Baches spazieren, Idun, Inga Nella und ich. Wir gingen über eine Brücke und starrten ins Wasser. Wir aßen ein Eis. Ich trank einen Kaffee. Inga Nella flocht Iduns Haar. Die Blätter an den Bäumen waren leuchtend grün, die Geräusche scharf.

Ich saß auf einem Baumstumpf und rief meinen Chef Håkon an. Denk nicht an die Arbeit, das regeln wir, sagte er.

Die Kinder und ich, wir kannten diesen Wald, wir waren schon einmal hier gewesen. Idun und Edvin hatten Eis gegessen und an den Trainingsstationen gespielt, die zwischen den Bäumen eingerichtet waren. Am 8. Mai 2017, am Tag der Befreiung, waren Mama und Papa beide hier in der Klinik. Papas Nierenfunktion lag damals bei nur fünf Prozent. Alles unter fünfzehn gilt als »terminale Niereninsuffizienz«.

Seine Nierenprobleme waren eine Spätfolge der Diabetes, an der er seit seiner Jugend litt. In unserer Familie wurden autoimmune Erkrankungen wie ein Staffelstab von Generation zu Generation weitergereicht: Rheumatismus, Diabetes und in meinem Fall langsamer Stoffwechsel. Papa mochte es nicht, wenn ich darüber sprach, und ebenso ungern sprach er über seinen Zustand. Seine Beine waren geschwollen, er war erschöpft und schlief den halben Nachmittag. Aber er weigerte sich, eine Niere von einem seiner Kinder anzunehmen, das war für ihn ausgeschlossen. Lieber wollte er auf eine fremde Organspende warten. Lange Zeit dachten wir, er könne jederzeit sterben. Nach jeder neuen Untersuchung fragten wir: Wie viel Prozent sind noch übrig? Fünfzehn, dreizehn, zehn, fünf. Das Salz rann wie nichts durch das geschädigte Organ. Er behauptete immer, es gehe ihm richtig gut. Er sei vor sieben Uhr morgens auf der Arbeit gewesen, habe den ganzen Tag gearbeitet und so und so viele Autos verkauft.

Eines Tages fanden sie heraus, dass er Mamas Niere bekommen konnte. Sie waren kompatibel, obwohl sie unterschiedliche Blutgruppen hatten. Am 8. Mai wurden sie beide in diesem großen Krankenhaus operiert, das so schön dicht an der atmenden Natur, dem Wald und dem Bach lag.

Für uns war die Universitätsklinik ein Ort gewesen, wo Menschen gerettet wurden, ein Ort der Hoffnung.

An jenem Dienstag im August durchsuchten sie die Wartelisten in Norwegen und den Nachbarländern nach Kindern, die dringend Organspenden benötigten. Ich sah sie vor mir: Kinder, die in ein Krankenhaus geflogen wurden, um dort ein neues Organ zu bekommen. Vielleicht hatten sie die Tasche schon fertig gepackt, falls ein Anruf kam. Alles musste ganz schnell geschehen.

Bår und ich hatten ein Treffen mit den Ärzten. Wir sprachen über alles, was geschehen war und was nun geschehen sollte. Ich weiß nicht mehr, ob es zwei oder drei Ärzte waren. Was war mit Edvin passiert? Er war gesund, dann griff er sich an den Kopf und sagte »Hirn eingefroren«, wie es die Kinder manchmal ausdrückten, wenn sie Eis aßen. Er musste sich hinlegen. Mama und Idun versuchten alles Mögliche. Warmer Waschlappen auf die Stirn, kalter Waschlappen, Schmerzmittel. Mama versuchte mehrmals, das Ärztezentrum anzurufen, aber sie kam nicht durch. Edvin ging es zuerst besser, dann schlechter. Er erbrach sich. Er war schwer ansprechbar. Wenn Mama ihn etwas fragte, wirkte er verärgert.

Am Ende erreichte sie endlich das Ärztezentrum in Vinstra, und sie sagten, sie solle ihn bringen. Papa kam von einer Tour zurück, er hatte noch nicht mitbekommen, was los war. Sie trugen ihn ins Auto.

Wir waren ruhig bei dem Treffen und stellten angemessene Fragen. Ich sah meinen Gesprächspartnern intensiv in die Augen und konzentrierte mich auf sie. Ich versuchte, alles richtig einzuordnen und die richtigen Dinge zu fragen. Wir wiederholten, dass wir Edvins Organe spenden wollten und wussten, was dies bedeutete. Wir besprachen das Prozedere. Sie würden nur die Organe entnehmen, die gerade gebraucht wurden, je nachdem, wie viele Patienten sie kurzfristig erreichen konnten.

Sie wiederholten, dass die Blutung sich rasch entwickelt habe. Das so entstandene Ödem lag weit hinten links, dicht am Stammhirn, an einer Stelle, die sehr schwierig zu operieren sei. Abermals betonten sie, keiner müsse sich Vorwürfe machen. Mama habe schnell reagiert, es sei richtig gewesen, ihn nach Vinstra zu fahren, anstatt daheim auf Hilfe zu warten. Wenn es auch nur die geringste Hoffnung gegeben hätte, hätten sie Edvin operiert.

Wir sagten, dass wir eine Obduktion wünschten. Organspende und Obduktion. Zwei Operationen an dem kleinen Edvin. Das mag schrecklich klingen, aber die Tatsache, dass er tot war, ist an sich schon so schrecklich, dass sie alles andere in den Schatten stellt. Edvins Körper konnte bis zu sieben Leben retten. Das Herz, zwei Nieren, die Leber, die Bauchspeicheldrüse. Weil wir es konnten, gaben wir seine Organe fort. Und wir mussten einfach wissen, was in seinem Gehirn geschehen war, da waren wir sicher. Sie durften ihn noch einmal öffnen, um eine Antwort für uns zu finden.

Gegen Mittag rollten sie ihn heraus, um den obligatorischen Test durchzuführen, ob noch Blut in sein Gehirn strömte.

Das war nicht der Fall.

Keine Blutzufuhr ins Gehirn.

Wir waren gewissermaßen erleichtert. Das Ergebnis

war der konkrete Beweis für alles, was sie uns gesagt hatten. Die Druckmessung in seinem Gehirn bestätigte es: Unser Junge war wirklich tot.

Am Nachmittag gingen wir wieder zu Edvin hinein und saßen in dem Zimmer. Idun war auch dabei. Die Krankenpflegerin erwartete, dass sie ihm am Abend oder in der Nacht die benötigten Organe entnehmen würden. Idun war erschöpft, sie hatte letzte Nacht kaum geschlafen. Nun war es fast vierundzwanzig Stunden her, seit es Edvin schlecht wurde. Wir beschlossen, die Nacht daheim in unserer Wohnung zu verbringen. Sie sollten uns anrufen, wenn die Operation beendet war. Auch wenn es mitten in der Nacht ist?, fragte die Krankenpflegerin. Nein, bitte rufen Sie nicht mitten in der Nacht an, sagten wir, wir müssen schlafen.

Dann verabschiedeten wir uns. Während ich diesen Satz schreibe, kommen mir die Tränen. Dieses neue Weinen, eher ein Heulen, als würde ein Draht den Laut aus meinem Hals ziehen. Indem ich schreibe, dass ich das Zimmer verließ, verlasse ich es erneut. Keine Mutter kann einfach so von ihrem Kind weggehen. Ich bin wieder in dem Raum, draußen scheint die Sonne und es ist warm. Es ist sechs oder halb sieben am Abend, ich streichle Edvin, küsse ihn auf die Stirn. Seine Augen sind leicht feucht, und ich denke, dass dies ein Anzeichen des Todes ist. So war es auch bei Großmutter: die Tränen, die ihr aus einem Auge liefen und die Mama abwischte. Edvin ist tot, denke ich. Wir mussten nach Hause, Idun war erschöpft, wir waren erschöpft. Das sagten wir Edvin, und ich küsste ihn, schlug die Decke zurück und sah mir noch einmal seine Hände, Knie und Füße an. Nein, ich konnte ihn nicht verlassen.

Ich muss noch ein bisschen hierbleiben, sagte ich zu Bår und Idun. Wir blieben noch eine Weile sitzen, dann brachen wir auf.

An unserer Stelle ging Mama hinein und setzte sich an Edvins Bett. Sie hielt den Gedanken nicht aus, dass er allein sein sollte. Papa wäre sowieso bald wieder hier, er hatte am nächsten Tag einen Termin zur Kontrolle der Niere. Er hatte sich auf das Hotelzimmer zurückgezogen, weil auch er Ruhe brauchte. Mama blieb bei Edvin und hielt seine Hand, bis sie ihn ein paar Stunden später holten. Am Tag darauf erzählte sie mir, wie würdevoll die Pfleger waren, die ihn für die Operation vorbereiteten. Sie standen dort mit ihren Koffern und Geräten und hatten Tränen in den Augen.

Später dachte ich: Wie konnte ich das tun? Von meinem Jungen weggehen, während sein Herz noch schlug. Von seiner Seite weichen, bevor alles zu Ende war. Ich hätte bei ihm bleiben und dicht neben ihm im Bett liegen sollen, bis sie ihn holten. Hätte seinen Duft einatmen sollen. Aber das ging nicht, ich weiß es ja. Ich hatte einen toten Jungen und ein lebendiges Mädchen. Als ich das Zimmer verließ, dachte ich: Jetzt verlasse ich meinen toten Jungen und gehe mit meinem lebendigen Mädchen heim. Ich kann nichts mehr für ihn tun, ich muss für sie da sein. Ein klarer und rationaler Gedanke, eigentlich wusste ich, dass ich richtig handelte.

Doch die Zeit ändert viel, auch das. Ich hatte nicht genug Zeit mit ihm. Keiner von uns hatte das. In Gedanken laufe ich zurück, durch den Haupteingang, über die

Gänge, nehme den Aufzug und betrete wieder das Zimmer, wo er liegt, wo Mama sitzt und seine Hand hält. Um
noch ein wenig mit ihm zu sein.

Am Abend, während sie auf die Operation warteten, fragte die Krankenpflegerin Mama, ob sie einen Abdruck von Edvins Händen und Füßen machen sollten. Das taten sie oft, wenn Kleinkinder starben. Aber Edvins Füße und Hände waren zu groß für ihre Formen, deshalb behalfen sie sich mit Tintenabdrücken auf Papier – Abdrücke seiner schönen Hände und Füße, unvollständig und verblichen, auf DIN-A4-Blättern, die wir ein oder zwei Tage später mit den anderen Unterlagen vom Krankenhaus bekamen.

ch fragte Idun, wie es ihr ging. Ich weiß nicht, was ich fühle, sagte sie. Edvin ist tot. Ich kann nichts dagegen tun, außer mich an ihn zu erinnern und auf seine Sachen aufzupassen.

Am Dienstagabend nahmen wir ein Taxi vom Krankenhaus nach Hause. Wir umarmten einander, als wir den Hof betraten, Bår, Idun und ich. Idun mit hochgezogenen Schultern und einem für sie neuen Gesichtsausdruck. Wir hatten wohl alle neue Gesichter, auch ich ging nicht aufrecht. Unsere Nachbarn und Freunde wussten, was geschehen war. Einigen hatten wir persönlich Bescheid gesagt und sie gebeten, die schlimme Neuigkeit zu verbreiten. Nun saßen sie an einem Tisch im Hinterhof und warteten auf uns, manche schon den ganzen Tag. Iduns Freundinnen hatten ihr Geschenke gebastelt. Tone aus der Wohnung unter uns und Kari, die weiter unten in der Straße wohnt, hatten versucht, die Wohnung ein wenig aufzuräumen – was in dem Chaos fast unmöglich war. Unter anderem hatten sie unseren Kühlschrank aufgefüllt. Wir stellten unsere Sachen ab, nahmen ein Bier aus dem Kühlschrank und gingen in den Hof. Es gab viele Umarmungen, trotz Corona, das war uns in diesem Moment egal. Ich war erschöpft und benommen, zitterte am ganzen Körper. Wir beantworteten ihre Fragen und erzählten. Idun berichtete, wie sie die ganze Nacht im Auto gefahren war, ohne zu schlafen. Sie kletterte auf das Spielhaus und rutschte das Dach hinab, wie immer. Dann sprang sie auf und spielte weiter mit den anderen, scheinbar fröhlich, aber doch aus dem Lot.

In der Nacht lagen wir auf der großen Matratze im Schlafzimmer, umgeben von Werkzeugen, unfertigen Möbeln
und Pappkartons voller Bücher. Ich lag in der Mitte, Bår
und Idun neben mir. Vor das Fenster hatte ich ein großes,
blau gemustertes Tuch gehängt.

In der ersten Nacht nach seinem Tod rief Idun im Schlaf seinen Namen.

In der zweiten Nacht ebenso.

Immer im Tiefschlaf. Plötzlich wälzte sie sich unruhig im Bett und rief Edvin! Mehr nicht.

Am Morgen wachte sie schwer auf. Ihre Augen waren schmal, ihr Haar zerzaust. Wir sagten ihr, was sie im Schlaf gerufen hatte, und sie kam langsam zu sich. Sie hatte geträumt, es sei Edvins Geburtstag und sie spielten Schatzsuche. Sie wollte Edvin sagen, dass er einen Schatz übersehen hatte.

Einmal wachte ich am frühen Morgen auf, weil sie nach mir schlug. Oh, Entschuldigung, sagte sie. Sie hatte geträumt, er habe sie geweckt, weil er im Bett über sie getrampelt war, wie er es manchmal getan hatte.

Sie waren immer so eng verbunden gewesen, seit seiner Geburt. Flüsternd, rufend, laufend, tanzend, streitend, spielend. Sie schliefen im selben Zimmer in einem Etagenbett, Idun oben, Edvin unten. Waren selten mehr als ein paar Stunden voneinander getrennt. Wenn die Schule nach den Sommerferien wieder begann, waren sie wie ein Körper, der sich teilte und wieder zu zwei Individuen wurde.

In diesen Nächten existierte Edvin noch immer in Idun. Es war, als ob er noch lebte und erst mit dem Tageslicht wieder verschwand.

In der ersten Nacht habe ich einen Traum.

Ich träume, dass ich Möbel zusammenbaue. Auf einem Teil steht »Edvin«, auf dem anderen »tot«. Ich versuche, die Wörter *Edvin* und *tot* zusammenzusetzen.

Die Morgen sind am schlimmsten.

Die ganze Zeit ist irgendjemand bei uns.

Ich kann meine Schlüssel nicht finden.

Die dritte Nacht.

Draußen hören wir Donner. Es blitzt und donnert, dann regnet es in Strömen. Ich habe das Licht angemacht und starre aus dem Fenster.

Bei allem, was ich in jenen Tagen tat, war Edvin bei mir, der lebende Edvin und der tote. Bei jeder Hausarbeit, ob ich Essen aus dem Kühlschrank nahm, die Zähne putzte oder die Decke über Idun breitete. Ich sah seine schmalen Schultern in dem Krankenhausbett vor mir. Die linke ragte hervor, ich wollte nicht, dass er fror, und zog die Decke darüber. Sein Kinn mit dem Grübchen. Die Narben nach den vielen Stürzen. Die starken, guten Hände. Alles an Edvin.

Vor den Sommerferien, als die Wohnung eine einzige Baustelle war, schliefen wir ein Stockwerk höher bei Gro. Die Kinder waren meistens draußen, veranstalteten Wasserschlachten und erfrischten sich mit Eis. Bår und seine Eltern rissen die Küche ab und warfen Material aus dem Fenster, während ich versuchte, die Kinder zur Ruhe zu bringen.

Auf einem Foto von diesem Wochenende liegt Edvin nackt auf Gros Sofa, wo er eingeschlafen war, müde und warm von der Sonne. Er liegt da, als hätte ihn jemand abgeworfen, die Hände unter dem Bauch, den Po nach oben, die Schulterblätter hervorstehend. Er schläft, wie nur Kinder schlafen können.

Man sieht es an deinem Gang: der Oberkörper leicht gebeugt, die Beine steif, mit schweren Schritten. Bår und ich gehen zum Bestattungsbüro und ich denke: »So ist also die Trauer.«

Todesanzeige.

Ein Gespräch mit dem Pfarrer.

Wir zögern die Trauerfeier so lange wie möglich heraus. Freitag, der 21. August.

Bald schon war unsere Wohnung voller Kuscheltiere, die auf verschiedenen Wegen zu uns gelangt waren. Wir liehen uns einen großen Stoffhund von Tones Sohn Andreas und einen weiteren mit langen Hängeohren von unserer Kindersitterin. Von Gro bekamen wir Yogi-Gau, den Trostbären, der früher schon einige Zeit bei uns gewohnt hatte. Er sieht aus wie eine Kreuzung aus einem Bären und einem Ameisenbären. Yogi-Gau hat in seinen dreißig Jahren schon viele Kinder getröstet, sagt Gro. Die Tiere saßen auf dem Sofa oder lagen bei uns im Bett, weich und schlapp. Einem von ihnen fehlte ein Auge. Idun verband die Kuscheltiere und uns. Arme und Beine waren gebrochen und mussten geheilt werden.

Die Tiere ließen mich an Edvins schlaffen Körper im Krankenhausbett denken.

Die Zeit wob ein unsichtbares Netz um uns, das von Tag zu Tag dichter wurde. Umarmungen, Beileidsbekundungen per SMS, Anrufe, Blumensträuße auf allen Fensterbänken.

Zimtschnecken, Pizzaschnecken und Frühstücksservice mit Apfelkuchen, Fruchtsaft und Croissants. Handgeschriebene Karten und Briefe. Eine Feder vom Papageien des Nachbarn in einer Tüte mit Hefegebäck. Jedes Mal, wenn ich die Tür öffnete, lag etwas davor. Blumen, ein warmes Brot und vieles mehr.

Es roch wie in einer Gärtnerei bei uns, wegen der vielen Blumensträuße. Sieh nur, wie gut sie sich halten, sagte einer – ich wollte nur, dass sie endlich verwelkten, damit wir sie in den Müll werfen konnten. Ich wollte einfach nur im Bett liegen und an Edvin denken.

Verwandte aus Bårs kleiner Familie und meiner großen gingen ein und aus, versuchten zu helfen, versuchten, nicht zur Last zu fallen. Ich sehe es noch vor mir, wie Mama in der Küche steht und weinend in einem Suppentopf rührt. Ich bin euch keine Hilfe, sagte sie, ich heule ja nur. Ich sehe, wie Papa mit geschlossenen Augen auf dem kleinen Sessel im Wohnzimmer sitzt. Nach ein paar Tagen fuhren sie nach Hause, und mein Bruder kam für eine Nacht aus Lillehammer. Wir tranken Bier und unterhielten uns. Als er fuhr, packte er so viel Müll wie möglich in sein Auto. Tone kam jeden Morgen mit einer Kanne Kaffee herauf, saß eine Weile bei uns, räumte ein bisschen auf und flocht Iduns Haar. Wir suchten gemeinsam die Kleider aus, die Edvin im Sarg tragen sollte. Sie strich mit der Hand über sein gestreiftes T-Shirt, ihr frisch gewaschenes schwarzes Haar fiel über ihr tränennasses Gesicht.

Die Kinderkrankenschwester Astrid, die zwei Treppenhäuser weiter wohnt, schickte mir eine Nachricht auf Facebook. »Ich sehe ihn noch vor mir«, stand dort, »wie er sich hinter den Büschen vor meinem Eingang versteckt. Erst mucksmäuschenstill, aber dann verrät ein Kichern sein Versteck. Ich tue, als wäre ich erschrocken, und er lacht herzlich.«

Auf dem Asphalt vor unserem Eingang prangt ein Mosaik aus Kreidezeichnungen. Inga Nella und Idun haben es begonnen und die anderen Kinder haben es weitergeführt. Edvin, ich liebe dich, Edvins Name mit einem Herz drum herum. Blüten, Sterne und andere Muster breiten sich in hübschen Mustern über den Hof aus, eine bunte Trauerschrift.

Erst am Tag der Trauerfeier, zehn Tage nach seinem Tod, verschwanden die Zeichnungen, weil der Regen die Erde aufweichte und den Asphalt wusch.

Ich lese, was ich in den ersten Tagen geschrieben habe. Über das Krankenhaus, über die Wohnung. Es klingt steif und hart, aber es ist wahr. Die Trauer, die Apfelkuchen, der Geruch der Blumen. Wenn ich schreibe, versuche ich, das Ungeheuerliche im Zaum zu halten. Ich straffe und straffe. Es ist unmöglich, alles niederzuschreiben, *wie es war*. Die große Angst, das Herzrasen. Ich kann das Schreckliche nicht ausformulieren. Wie soll ich erklären, dass nichts um mich herum hielt, auch wenn die Wände noch standen und Wasser aus dem Hahn kam.

Falls meine Sätze benommen oder empfindungslos klingen, spiegelt dies nur meinen zombieartigen Zustand in jenen Tagen.

Von vornherein weiß man nichts. Ob die Leute noch mit uns zusammen sein wollen, dachte ich, oder würden sie uns nun meiden? Aber keiner wechselte die Straßenseite, wenn wir vorübergingen. Eine alte Dame lief auf Socken aus ihrer Wohnung, als sie Bår sah, um uns zu sagen, wie leid ihr unser Verlust tat. Wir waren ebenfalls »fleißig«. Wir sprachen über Edvin, wir nahmen Hilfe an, wir antworteten auf Kurznachrichten oder Anrufe und öffneten immer die Tür. Schon im Krankenhaus, als Edvin noch im Koma lag, strömten die Meldungen auf dem Telefon ein. Wie können sie das jetzt schon wissen?, dachte ich, aber ich antwortete offenherzig, erklärte alles und erzählte von den Organspenden und dass sie sich gut um uns kümmerten. Bis es zu viel wurde. Wir sollten nicht den ganzen Abend lang Nachrichten beantworten, sagte ich eines Abends zu Bår, als wir mit unseren Macs auf dem Schoß auf dem Sofa saßen. Am liebsten hätte ich alles abgestritten. Nein, Edvin ist nicht tot, was sagst du da? Einem alten Freund, den ich lange nicht gesehen hatte, hatte ich geschrieben, was geschehen war, aber er antwortete nicht. Somit glaubte ich, er sei ebenfalls tot, einen anderen Grund konnte es nicht geben. Ich überlegte, ob ich bei gemeinsamen Bekannten nachfragen sollte.

Ich war wie ein weiches Kissen, in das die Leute ihr Mitgefühl flüsterten. Gleichzeitig war ich empfindlich und reserviert. Manchen konnte ich einfach nicht antworten, zum Beispiel der Mutter, die schrieb, sie habe vor einigen Jahren auch beinahe ihr Kind verloren. *Aber es ist nicht gestorben!*, dachte ich. *Dein Kind lebt!* Oder dem Bekannten, der in Großbuchstaben fluchte: VERDAMMTE SCHEISSE, DAS IST SO UNGERECHT. Auf zu emotionale Reaktionen konnte ich nicht eingehen. Zuerst sagte ich einer anderen Mutter, ich würde vielleicht in Edvins Klasse kommen und mit den Kindern über alles reden. Es kam mir vernünftig vor, doch dann sah ich ein, wie irrsinnig es war. Das würde ich nie schaffen.

Die vielen anderen Mütter – es war so schwer und ist es immer noch. Ich brauchte ihr Beileid, ihre Worte über Edvin und wie ihre Kinder um ihren Freund trauerten. Aber es tat so weh, dass ich nicht mehr hatte, was sie noch hatten. Ihre kleinen Jungen, die immer größer wurden. Die von ihren Erinnerungen an Edvin erzählten. Während Edvin, ja …

Eines Nachmittags überraschte ich Bår, als er mit dem Mac auf dem Schoß auf dem Bett saß. Es war kurze Zeit nachdem Edvin gestorben war. *How old can you be and still be pregnant?* stand in seinem Google-Suchfenster.

Was tust du da?, fragte ich.

Ääh, sagte er und klappte den Laptop zu.

Ich lachte. Willst du ein Kind bekommen? *Du?*, fragte ich.

Ich verließ das Zimmer mit einem spöttischen Lachen.

Wenige Wochen später, gegen Ende August, schrieb ich in meine Tagebuch, dass ich noch ein Kind wolle.

»Die Entscheidung liegt bei Bår.«

Die Sache ist kompliziert. Ich wollte es eigentlich von mir schieben, wir haben viel zu rasch nach Edvins Tod damit begonnen. Der Gedanke an ein neues Kind weist in die Zukunft, aber er weist auch weg von Edvin. Ich fühle mich wie eine treulose Mutter, eine Verräterin.

Bist du denn nicht in Trauer? Wolltest du nicht über Edvin schreiben?

Im Geiste höre ich Edvins Stimme, als er sagte, dass er so gern einen kleinen Bruder hätte. *Pleeease, Mama. Pleeease.*

Was einmal zerstört ist, können wir nicht reparieren. Doch hört zu: Das Leben ist stark in uns! Der Tod ist eine Katastrophe, die wir nie ausgleichen können, aber *irgendetwas* müssen wir tun, und nun hatten wir dieses kleine

Zeitfenster von ein, vielleicht zwei Jahren, bis ich sowieso nicht mehr schwanger werden konnte.

Seitdem bin ich besessen von dem Gedanken, ein neues Kind zu bekommen. Am liebsten hätte ich viele Kinder um mich gehabt, eine ganze Schar. Je mehr, desto besser. Ich stellte mir vor, wie eine ganze Bande kleiner afghanischer Jungen bei uns anklopfte und wir sie hereinließen. Ich stellte mir einen blonden Jungen vor, der Edvin ähnlich sah. Vielleicht hieß er Gustav, wie wir Edvin manchmal im Spaß nannten. Oder Fredvin. Vielleicht würde in dem neuen Jungen etwas von Edvin wiederkommen? Der Gedanke war lächerlich, das merkte ich selbst. Aber ich dachte ihn trotzdem.

Die Frage war jedoch, wie ich von einem sterilisierten Mann schwanger werden sollte.

Bår war nur ein oder zwei Monate nach Edvins Geburt zum Arzt gegangen. Er hatte mich überrumpelt, ich war sauer, weil er es mir erst sagte, nachdem er den Termin gemacht hatte. Zwar hatten wir es schon einmal in Erwägung gezogen, aber ich fühlte mich noch nicht bereit. Zwei Kinder waren genug, hatten wir entschieden. Ich war schon 36, und die beiden Schwangerschaften hatten an mir gezehrt. Kurz vor und nach der Sterilisierung schob ich Edvin im Kinderwagen vor mir her und stellte mir vor, wie es wohl mit einem dritten Kind wäre. Im Grunde wünschte ich es mir. Ich hatte auch zwei Geschwister, und sowohl mein Bruder als auch meine Schwester hatten drei Kinder. Aber es war unrealistisch. Ich wusste, dass wir weder die Kraft noch Platz oder Geld für ein drittes Kind hatten. Bår mit seinem Freelance-Einkommen und ich, die immer müde war. Außerdem wünschten wir uns doch beide, mehr Zeit fürs Schreiben zu haben.

Bår hatte die Konsequenzen vorher mit dem Arzt besprochen. Man weiß nie, was passiert, hatte der Arzt gesagt. Die Leute lassen sich scheiden. Und Kinder *können* sterben, auch wenn es heute selten vorkommt. Bår antwortete, wir könnten unsere Pläne nicht nach so etwas Unwahrscheinlichem ausrichten.

Als ich im Sommer mit den Kindern auf der Hütte war, sagte Edvin mehrmals, er wolle auf eine Clownschule gehen.

Wir lachten. Das brauchst du nicht, du *bist* doch ein Clown. Du würdest dein Clown-Diplom jetzt schon bekommen.

Edvin lachte nicht, er fand uns gar nicht komisch. Die Clownschule war eine ernste Sache für ihn.

Auch im Sommer davor, 2019, waren Idun und Edvin auf der Hütte.

Ich bin gespannt, was aus dir wird, wenn du groß bist, sagte Mama. Er war so klug und erfinderisch, fand sie. Vielleicht würde er Arzt werden oder Wissenschaftler?

Aber ich bin doch nur ein ganz normaler Junge aus Sagene, sagte Edvin.

dun fragt: Wie kann das Herz weiter schlagen, wenn das Gehirn tot ist? Ich antworte: Das Gehirn war kaputt, aber das Herz schlug automatisch. Das Gehirn war wie eine unbeschriebene Tafel.

Ja, aber da stand ganz viel drauf, bevor sie abgewischt wurde, sagt Idun.

Ja.

Oder … es war eher wie ein Computerbildschirm. Jemand hat was draufgeschüttet und er ist ausgegangen.

Eine Lieblingsbeschäftigung der Kinder war, mich zu meiner Arbeit im Verlag zu begleiten. Dort gab es eine Kantine, auf den Tischen standen Schalen mit Süßigkeiten, sie spielten mit Stempeln und Post-it-Zetteln und die Kollegen scherzten, dass die Debütanten immer jünger wurden, ha ha. Viel mehr gab es dort nicht für sie, aber sie liebten es. Vielleicht, weil sie etwas mit mir allein unternahmen, was nicht so oft vorkam. Eines Tages, als Edvin in die erste Klasse ging, blieb er zu Hause, weil er krank war. Ich musste jedoch zu einem wichtigen Treffen im Verlag und nahm Edvin mit. Er saß mit einem iPad und Kopfhörern vorne im E-Bike. Zu Mittag bekam er ein Sandwich aus der Kantine und hielt sich in der Nähe der Süßigkeitenschale. Kurz bevor wir heimfuhren, sagte ich: Komm, Edvin, und zog ihn mit in den Kopierraum. Möchtest du einen Abdruck von deinen Händen?, fragte ich. Das wollte er. Als Kinder waren wir manchmal abends bei Papa in der Werkstatt. Es war leer und still, roch nach Diesel und Öl. Während er seine Arbeit zu Ende brachte, gingen wir zum Kopierer und machten Kopien von unseren Körperteilen. Irgendwo habe ich noch eine Fotokopie meiner Hand und eine meines Gesichts, mit hängender Stirnlocke und großen schwarzen Augenhöhlen. Wir kopierten zuerst Edvins Hände, dann hob ich ihn hoch und er legte das Gesicht auf die Glasplatte. Heraus kam ein Bild mit platt gedrückter Nase und Kussmund. So, nun konnten wir nach Hause!

Er saß im Kindersitz auf der Lastfläche und hielt die Kopien fest in der Hand. Ein Traumtag ging für ihn vorüber, als ich nach Sagene hinaufradelte. Er strahlte, als wäre er im Tivoli gewesen. Später sagte meine Kollegin Cecilie, ich hätte während der gesamten Besprechung Edvins Nacken gestreichelt. Er hatte neben mir gesessen und auf dem iPad gespielt. Ich konnte meine Hände nicht von ihm lassen. So war es, so ist es, ich will meine Kinder nur streicheln und streicheln.

dun hatte drei gleichaltrige Freundinnen im Haus, Edvin hatte Sindre. Ich lernte Hedda, Sindres Mutter, an einem Herbstmorgen 2013 kennen. Ich war gerade mit meinem dicken Schwangerschaftsbauch aufs Fahrrad gestiegen. Hei!, sagte eine Frau, die ihr Fahrrad aufschloss, mit einem strahlenden Lächeln. Sie stellte sich vor und zeigte auf ihren eigenen, ebenfalls dicken Bauch. Ich bin nicht so eine, die jeden laut begrüßt, sagte sie und lachte.

Am 25. Oktober, 23 Tage nach Edvins Geburt, kam Heddas und Henriks Sindre zur Welt. Sie wohnten zwei Treppenhäuser weiter. Wir trafen uns regelmäßig zum Kaffee, während die zwei Babys auf einer Decke auf dem Boden lagen, verschiedene Laute ausprobierten und mit den Ärmchen zappelten, bevor sie allmählich die Augen füreinander öffneten. Sie waren so unterschiedlich. Sindre hatte große grüne Augen, eine markante Stirn und einen süßen Mund. Er war braun wie ein Mittelmeerurlauber und sah aus, als käme er direkt aus einem Zeichentrickfilm. Vom ersten Tag an war er fein gekleidet. Edvin hatte einen helleren Teint, dünnes hellblondes Haar und schmale blaue Augen. Er trug, was er von seiner Schwester geerbt hatte, oft Rosa oder Rot, mit Flecken, die nicht mehr weggingen. Als der Frühling kam, verbrachten wir viel Zeit im Hof, und im Herbst kamen beide in den Pontoppidan-Kindergarten, wo Idun schon war. Edvin und Sindre wurden beste Freunde, und sobald Edvin sprechen gelernt hatte, fragte er jeden Tag, wenn Sindre abgeholt wurde: Darf ich mit zu Sindre gehen? Wir erlaubten es ihm fast immer.

Wie soll ich die Freundschaft zwischen zwei Jungen schildern? Sie taten dasselbe wie andere Jungen, schlugen sich die Knie auf, sammelten Kieselsteine in den Hosentaschen, saßen im Spielhaus und verkauften uns »Essen«, das wir mit Laub bezahlten. Während Sindre aus einer Familie kam, die nicht in jeder Kurve ihr Leben riskierte und selten Löcher in den Kleidern hatte, fand Edvin schnell heraus, dass hohe Geschwindigkeit das Leben interessanter machte. Mit zwei Jahren bekam er seinen ersten Roller und fuhr in selbstmörderischem Tempo den Berg vom Kindergarten hinab. Genauso verrückt wie seine Schwester, aber mit wesentlich schlechterer Risikoeinschätzung. Oft mussten wir zum Arzt, um sein Kinn nähen zu lassen. Er und Sindre unterschieden sich nicht nur im Aussehen, sondern auch vom Charakter her, aber sie stritten fast nie. Sie waren so vertraut miteinander, dass wir uns keine Sorgen machen mussten. Sie konkurrierten nicht miteinander, sie mussten sich nichts beweisen.

Als Sindres kleiner Bruder Olav alt genug war, durfte er auch mit ihnen spielen, genau wie Edvin früher mit Idun und ihren Freunden spielen durfte.

Das alles war vor der ersten Klasse, bevor Edvin die sozialen Regeln von Neuem lernen musste. Bevor er einsehen musste, dass es nicht immer passte und er manchmal früher von Freunden nach Hause musste, als er wollte. Dass er nicht auf allen Kindergeburtstagen dabei sein konnte.

Im Sommer bevor die beiden in die Schule kamen, zog Sindres Familie nach Nordstrand. Das war für uns alle traurig, aber ganz besonders für Edvin. Plötzlich wohnte kein Kindergartenfreund mehr in seiner Nähe. Er war der Einzige aus seiner Gruppe, der auf die Schule in Sagene gehen sollte. Zum Glück kannte er wenigstens Trym aus dem Hinterhaus, der ebenfalls in die 1a in Sagene kam.

Die Sommer gehörten Edvin und Idun. *Das wird ein ganz anderer Sommer. Wir werden das Beste draus machen.* Am liebsten würde ich den ganzen letzten Sommer auf einer Festplatte speichern, genau wie die Tage waren, mit den Schreien des Kranichpaars vom Acker unterhalb der Hütte, der Elchkuh mit ihrem Kalb, die wir am Waldrand sahen und durch unseren Lärm verscheuchten. Wollgras, Bremsen, bewölkte Tage. Alle Gespräche zwischen Idun und Edvin, auch jeder Streit. Ihre Beine, die laufen, Münder, die trinken, Augen, die sehen. Edvin, der auf dem Klo sitzt und darauf besteht, dass ich ihm Gesellschaft leiste. Das alles möchte ich in einem Schrein aufbewahren, den ich jederzeit öffnen kann. Stattdessen geschah das Gegenteil, der Sommer stürzte in mir zusammen und mit ihm die Erinnerung an die ersten Lebensjahre meiner Kinder. Alles in meinem und Bårs Leben rutschte in den Krater hinab, in dessen Mitte Edvins Tod lag.

Wie es Idun mit ihren Erinnerungen geht, weiß ich nicht. Ist der Sommer schlimm für sie, weil es der letzte mit Edvin war, oder hat sie auch gute Erinnerungen? Lange habe ich es nicht geschafft, über die Zeit auf der Hütte zu schreiben, obwohl ich wusste, dass es später einmal wertvoll sein konnte. Wenn ich es dann endlich schaffe, über Edvin zu schreiben, wie er war, wird manche Erinnerung erloschen oder durch die Trauer verschleiert sein. Im Augenblick habe ich nur die schlechten Bilder auf dem Telefon, Videoschnipsel und einzelne Sätze aus Gesprächen mit den Kindern, von denen ich anderen erzählt habe.

An eines jedoch erinnere ich mich gut. Eines Nachmittags fiel den Kindern ein, dass wir noch nicht am Vaffelfoss gewesen waren, einer schönen Badestelle nahe am Peer-Gynt-Weg. Dort konnte man auf Steine klettern und – wenn man sich gerne quält – in die eiskalte Gumpe springen. Die Kinder bestanden darauf, obwohl wir gerade erst von einer längeren Tour zurückkamen und es zu regnen begann. Also zogen wir Regenjacken und Gummistiefel an, stiegen in den Pick-up und rumpelten auf dem Schotterweg Richtung Hovde, wo ich nach rechts abbog und die Haltebucht suchte, von der man zum Wasserfall hinuntergehen kann. Die Kinder redeten in einem fort über das harte Leben in der Schule. Idun gab ihrem Bruder viele gute Ratschläge.

Edvin hatte eine eigene Theorie entwickelt, die ich noch nicht gehört hatte. Die beliebten Kinder nenne ich *Promis*, sagte er, und die unbeliebten sind die *Armen*. Dann zählte er seine Freunde auf, sieben oder acht Namen, mehr als die drei oder vier, die ich als seine nahen Freunde betrachtete.

Komisch, Edvin. Letztes Jahr hast du noch gesagt, du hättest keine Freunde, sagte Idun. Und jetzt hast du so viele!

Ja, das stimmt, sagte Edvin fröhlich.

Die ersten Tage.
Die ersten Wochen.

Ich hatte Angst, ich würde ein chronisches Erschöpfungssyndrom bekommen. Ein lähmendes Gefühl in Armen und Beinen, meine Haut zitterte und schmerzte. Alles war intensiv, mein Herz schlug rasch, ich war matt und benommen. Die Zeit war zusammengebrochen. Als müsse man alles in unserer Nähe festschrauben. Auf diesen Sturm waren wir nicht vorbereitet, alles war lose und schwebte gleichsam durch die Luft.

Die Trauer ist nicht nur schwarz und hässlich, sie kann die Hinterbliebenen am Rande des Kraters auch vergolden. Ich hörte den Gesang der Vögel. Ich sah Bår, wie schön er war. Wenn ich mit ihm redete, wurde meine Stimme milder, weniger anklagend und sarkastisch. Ich fühlte, wie groß unsere Liebe war. Sein Gesicht und sein Körper, die mich begleiteten, seit ich etwas über zwanzig war. Auch er schien sich zu verändern. Was in ihm eingeschlossen war, öffnete sich, und wir fanden einander in jenen Tagen. Wir saßen im Halbdunkeln auf dem Sofa und sprachen ungewöhnlich offen über unsere Erinnerungen, wer wir damals und wer wir jetzt waren. Unser Leben war ein Chaos, aber wir sahen uns und alles andere klarer, als würde sie hell leuchten, die Liebe zueinander und zu Idun.

Auf merkwürdige Weise fühlten wir uns wieder jung. Andauernd hatte ich Bilder aus meinen Twen-Jahren vor Augen, Momentaufnahmen von Bus- und Zugtouren, Etappen auf dem Weg in Städte, wo ich niemanden kannte.

Aix-en-Provence. Ohio. In einer fremden Stadt auf einem anderen Kontinent aufwachen. Bår ging es genauso, auch er fühlte sich, als sei er unterwegs zu unbekannten Orten. Die Zeit vor iPhones und GPS, so fühlten wir uns. Wir hatten keine Karte, keine Anhaltspunkte, jeder Weg schien gefährlich.

Einmal fühlte ich mich, als müsse ich eine Kappe aufziehen, um mein Gehirn zusammenzuhalten. Die Autos sausten vorbei, die Leute waren leicht gekleidet und fröhlich. Indian Summer, manche aßen Eis. Beim Einkaufen traf ich eine Bekannte und starrte sie an. Ja, ich habe gehört, was geschehen ist, sagte sie. Das sieht man dir an, sagte ich und streichelte ihr über die Haare. Das tat ich oft in jenen Tagen, ich streichelte den Leuten über den Kopf oder die Wangen. Sie hatte ein kleines Mädchen dabei. Ob die Leute vielleicht glaubten, dass das mit Edvin ansteckend sei und sie ihre Kinder von mir fernhalten mussten?

Noch war die Trauer nicht in unser tiefstes Inneres gedrungen, ins Rückenmark und bis in die Fingerspitzen. Wir dachten, Routine könne uns helfen und uns auf andere Dinge bringen. Wir dachten, wir würden es schaffen.

Zuerst waren es nur Bår und ich, dann kam Idun, und wir waren drei. Am Ende der Elternzeit wohnten wir einen Monat lang in Paris. Idun war charmant und neugierig. Sie sah aus wie eine Puppe. In Paris kaufte ich ihre ersten Schuhe, klitzekleine rote Schühchen aus Cordsamt. Ein kleines Baby, das durch die Großstadt stapfte, ein absurder Anblick.

An Edvins letztem Tag hatte Idun zu Mama gesagt, sie wolle nach Paris. Dann starb Edvin, und Idun, Bår und ich sprachen wieder davon. Wenn Corona vorbei ist, sagten wir, fahren wir drei nach Paris. Ein Ort, den wir mit der

Zeit verbanden, als es Edvin noch nicht gab. War es möglich, sich eine Welt ohne ihn vorzustellen? Ich haderte mit
dem verbotenen Gedanken.

Nachdem Idun und Bår eingeschlafen waren, drückte ich Gros Trosttier, den zerknautschten Ameisenbären Yogi-Gau, fest an mich. In den ersten Nächten schaltete ich Iduns Sternenlichter ein und wartete auf die Wirkung der Schlaftablette. An der Decke zogen kleine Sterne langsam vorüber.

Als Erstes fuhr die Trauer in die Haut. Sie war wund und empfindlich. Der Schmerz spülte in Wellen die Arme und Beine hinab. Besonders die Beine, kalte und warme Strömungen. Ich lief anders, schleppend und gebeugt. Meine Schwester sagte, ich sehe wie die Elefantenskulptur aus, die am Akerselv am Schulweg der Kinder steht. Sie ist aus Metall und innen hohl. Der Elefant sitzt vornübergebeugt wie ein Mensch, sein Rüssel steckt im Zement am Boden. An manchen Tagen sieht er nur melancholisch aus, an anderen tief deprimiert.

Auch in der Brust und der Stimme setzt die Trauer sich fest. Ich saß auf der Bettkante und sang ein Lied für Idun. Ein bisschen Stakkato, Mama, sagte sie. Du brauchst längere Töne.

Nach sechs bis sieben Stunden verlässt mich die Kraft und ich muss Mittagsschlaf machen. Nun hatte ich damit aufgehört, es war besser, wach zu sein. Ich konnte nicht ändern, was geschehen war, aber vielleicht, was hier und jetzt geschah. Im Schlaf hatte ich keine Kontrolle über mich. Du musst schlafen, sagten Bår und meine Schwester. Ich wollte mich nicht hinlegen, denn wenn ich die Augen schloss, wurde es nicht dunkel wie sonst. Stattdessen flimmerte ein Film unter den Augenlidern. Ich war wieder im Krankenhaus, auf der Kinder-Intensivstation im dritten Stock. Ich sah Edvin dort liegen, den Kopf leicht zur Seite geneigt. Ich sah seine Hände und den Monitor, der mit seinem großen Zeh verbunden war und rot leuchtete, wie abends das Licht an der Spülmaschine. Den Urinbeutel am Fußende, der sich immer wieder füllte. Die Krankenpflegerin erklärte, der Körper entledige sich rasch der Flüssigkeit, wenn das Gehirn nicht mehr steure. Er wurde intravenös ernährt, damit sein Körper nicht dehydrierte. Der Urinbeutel, den man regelmäßig leeren musste, war nackte Realität. Wenn ich zweifelte, musste ich nur diesen Beutel ansehen, und ihre Worte wurden wahr. Edvin war tot.

Ich erinnere mich an die zitternden Hände meines Vaters. Als wir endlich hereingelassen wurden, gingen wir zu einer Sitzgruppe. Wir mussten uns beraten, bevor wir zu Edvin hinaufgingen. Papa setzte sich auf eine Bank und zog mich auf seinen Schoß, so schnell, dass ich mir die Hand an der Mauer hinter mir aufschürfte. Seit meiner Kindheit hatte ich nicht mehr auf seinem Schoß gesessen. Er war außer sich und wusste nicht, was er tat. Irgendwie waren wir alle wie Kinder, wir waren vollkommen hilflos, obwohl wir für Idun erwachsen sein mussten.

Wir waren so verwirrt, sagte ich später zu Bår. Er schüttelte den Kopf. Nicht verwirrt, sagte er. Ich war sehr rational, aber vollkommen machtlos.

Ich sah Edvin tot in der Kapelle in Ullevål liegen, in dem schwarzen Kapuzenpulli mit der weißen Aufschrift »Harry Potter«. Da kommt ja Harry Potato, rief ich, als er in dem neuen Pulli und Papas schweren Gummistiefeln an den Füßen aus der Hütte stapfte. Edvin lächelte nur und stapfte weiter. Ich sah ihn sterben, wieder und wieder.

Die nackte Schulter, über die ich die Decke breitete. Idun neben mir im Bett. Ihr Körper, ihre rechte Schulter. Sie sahen sich so ähnlich. Immer wenn mir die Augen zufielen, starb Edvin. Immer wenn ich aufwachte, dachte ich: Edvin ist tot. Wie lange würde er noch auf diese Weise sterben, wie oft würde sich sein Tod noch wiederholen?

Mit der Zeit drang die Trauer tiefer ein, sickerte in mein Inneres, fraß sich in die Beine. Dafür war meine Haut nicht mehr wund. Stattdessen spürte ich, wie mein Kiefer versteifte. Zweieinhalb Monate später tat mir das ganze Gesicht weh. Die Trauer besetzt den ganzen Körper.

Eines Morgens in der Frühe wachte ich unruhig auf, mit einem stechenden Schmerz in der Brust. Im Traum hatte ich auf der ganzen Erde nach einem Ort gesucht, an dem Edvin nicht tot war oder wo niemand wusste, dass er tot war. Ich dachte darüber nach und kam zu dem Schluss, dass ich bis zum Ende der Welt reisen könnte, ohne dass sich etwas änderte. Wo ich war, war Edvin tot, denn ich trug seinen Tod mit mir.

Nie mehr.
Das sind Worte, die man kaum denken oder schreiben kann.

Es war vielleicht das erste Mal nach Edvins Tod, dass ich allein einkaufen ging. Als ich hinausging, traf ich den Nachbarjungen Trym und Maria, seine Mutter. Trym war einer von Edvins guten Freunden. Sie gingen in dieselbe Klasse, und vor den Sommerferien waren sie jeden Tag auf dem Heimweg von der Schule durch den Wasserstrahl des Rasensprengers bei Gut Vøienvolden gerannt. Maria weinte, als sie mich sah. Sie zogen nach Drammen um und waren schon am Packen. Es war so warm, Trym war ganz verschwitzt. Er sah mich mit großen braunen Augen an und suchte nach Worten.

Du bist bestimmt sehr traurig jetzt?, fragte er.

Ja, sagte ich, ich bin sehr traurig.

Vielleicht kann ich dir eine Geschichte über Edvin erzählen, um dich ein bisschen aufzumuntern?

Ja, bitte, Trym, sagte ich.

Trym erzählte, wie er mit Edvin bei uns daheim Verstecken gespielt hatte.

Soll ich dir einen Tipp geben?, hatte Edvin gefragt und ihm geraten, sich hoch oben zu verstecken. Beim Versteckspiel denke nämlich keiner daran, nach oben zu gucken.

Das klang ganz nach Edvin.

Warst du nicht *wütend*?, fragt mich jemand. Aber die Frage macht mich wütend. Sie wollen etwas von mir, meinen Zorn, ich soll ihn herausbrüllen. Doch ich weiß nicht, wie ich das Gefühl nennen soll, das in mir wohnt.

Wut – braucht die nicht ausreichend Energie? Lange Zeit war ich abwesend, verzweifelt und duldsam, bis ich plötzlich gar nichts mehr ertrug. Wut, wenn man es so nennen will, kam nur selten auf. Wenn wir Nachrichten bekamen, in denen stand, wie grauenvoll das sei, ohne ein Wort des Trostes. Solche Leute ließen uns mit dem Grauen stehen und machten unbeirrt weiter. Auch auf jene, die uns rieten, die »schönen Dinge« wieder aufzunehmen und zum Beispiel Weihnachten wie früher zu feiern, war ich wütend. Als wäre Edvin ein Dieb gewesen, der uns diese Dinge gestohlen hatte. Oder auf den Zahnarzt, der sagte, alles habe einen tieferen Grund. Im Grunde war ich wütend auf alle, die uns bestätigten, dass Edvin tot war. Sie waren mitschuldig, alle.

Dabei weiß ich wirklich nicht, wie ich den Orkan in meinem Inneren nennen soll. Vielleicht war die Wut in der nassen Trauer aufgeweicht. Eine tiefe Verzweiflung kam wie ein lang anhaltendes Heulen aus mir heraus. Die Fenster mussten offen stehen, ich brauchte Luft. Manchmal nahm es überhand: Ich riss an meinen Kleidern und raufte mir die Haare, um das Unhaltbare in mir zu betäuben.

Als ich im Bad stand und den Kopf gegen die Wand

schlug, kam Bår und legte seine Hand dazwischen. Du musst aufhören, sagte er.

Das ist ja wie in der Bibel, dachte ich, überwältigt von der Intensität des Anfalls.

Am 17. August, eine Woche nach Edvins Tod, begann die Schule wieder. Edvin wäre in die zweite Klasse gekommen. Die anderen Kinder gingen auf der Straße vorbei, seine Klassenkameraden. Manche sahen anders aus nach dem Sommer, sie hatten neue Frisuren und waren ein Stück gewachsen. Idun ging auf dieselbe Schule. Sowohl wir als auch ihre Lehrerin hatten sich gefragt, ob sie noch ein paar Tage frei brauchte, aber sie wollte mit den anderen in der Klasse beginnen, daran war nicht zu rütteln.

Ich hatte den ganzen Tag innerlich gezittert. Nachdem Idun eingeschlafen war, knickte ich ein wie ein Tier. Ich saß auf dem Bett in dem Zimmer, das Edvins werden sollte. Ich wollte meinen Jungen wiederhaben. SIE HABEN IHN MIR WEGGENOMMEN, schrie ich. MAMA, schrie ich, denn ich war ja SEINE MAMA, sie durften ihn mir nicht wegnehmen! Ich schaukelte vor und zurück, krümmte mich zusammen, konnte es selbst kaum fassen, welche Laute aus mir hervorkamen, denn sie kamen aus einem unbekanntem Ort tief im Inneren, ganz weit unten.

Ich liebte ihn so. Ich war fast nie böse auf ihn, es gab nichts an ihm, was ich nicht liebte. Edvin war sogar liebenswert, wenn er wütend war und nach uns schlug. Meine Liebe erstreckt sich bis in den Tod, wo er jetzt ist. SIE KÖNNEN IHN UNS NICHT WEGNEHMEN!

Solche Laute habe ich nur bei der Geburt unserer Kinder von dir gehört, sagte Bår danach.

Später am Abend zitterten meine Muskeln. Mein Kiefer

schmerzte. Ich fragte mich selbst, was ich damit gemeint hatte. Wer waren *sie*? Wer hatte uns Edvin weggenommen? Es gab niemanden, auf den ich meinen Zorn richten konnte. Der Tod antwortete nicht.

An dem Dienstag, als ich mit der Ärztin aus dem Hubschrauber telefonierte, war Mama bei uns. Sie war die ganze Woche hier und strich die Möbel in Iduns Zimmer. Deshalb trug sie die meiste Zeit ein altes, zerschlissenes T-Shirt. Sie putzte die Wohnung und kochte Suppe. Als sie mit der Nähmaschine am Küchentisch saß und den maisgelben Gardinenstoff über dem Schoß ausbreitete, erinnerte sie mich an früher, als ich klein war und sie sich um uns Kinder kümmerte. Sie nähte, strickte, malte, flickte, reparierte Sachen. Manchmal saß sie an dem großen Webstuhl im Wohnzimmer. Ich erinnere mich an das lange schwarze Haar, das über ihren Rücken fiel, Baumwollpullis mit Dreivierteärmeln in zarten Farben, die Bewegungen ihrer Arme und Hände: starke Arbeitshände, die nie still hielten.

Du hast mehr als wir begriffen, sagte ich an dem Abend, nachdem ich mit der Ärztin telefoniert hatte, zu ihr. Wir saßen mit einem Bier auf dem Sofa und sprachen über Edvin, wie oft, wenn Idun schlafen gegangen war. Über den Abend, als es geschehen war. Ja, meinte sie, aber auch sie habe nicht geglaubt, dass er sterben würde. So war es uns wohl allen gegangen: Wir hatten gewusst, dass es ernst war, aber wir konnten nicht glauben, dass er sterben würde.

Nach dem Telefongespräch verspürte ich eine gewisse Ruhe. Wir hatten uns eingebildet, dass sie schon in Vinstra Anzeichen dafür gesehen hatten, dass Edvin hirntot war, dass die erweiterten Pupillen dies signalisierten. Ich habe versucht, mir vorzustellen, wann er aufhörte zu existieren. Ob es auf dem Weg aus den Bergen war oder beim Arzt in Vinstra. Im Auto war er nicht ansprechbar, aber er bewegte sich, nicht wahr? Mein Wissen war so lückenhaft. In welches Bett hat Mama ihn gelegt, als ihm schlecht wurde? Welchen Weg sind sie nach Vinstra gefahren? Wer war mit in die Praxis gegangen? Wo hat Idun gesessen? Ich konnte nicht alles behalten, vor meinen Augen sah ich nur seine erweiterten Pupillen, die er schon beim Arzt hatte, was wahrscheinlich bedeutete, dass wenig Hoffnung bestand. Wahrscheinlich hatten das alle begriffen. Und dann sagte die Ärztin, sie habe nicht gewusst, dass sie mit einem sterbenden Jungen im Hubschrauber saß. Sie habe geglaubt, er würde es schaffen, obwohl sie wusste, dass es ernst war. Und dann sei er bei der Landung gestorben. Ich musste die Geschichte, wie ich sie mir zurechtgelegt hatte, im Kopf umschreiben. Ich beschloss, dass die Ärztin die Wahrheit sagte, dass er in diesem Moment aufhörte zu sein. Als der Hubschrauber landete, war nur noch sein Körper übrig. Sie hat es nicht gewusst, sie dachte, er würde es schaffen.

Sie streichelte Edvin, sein Haar und seine Stirn, hielt seine Hand. Sie sagte, dass sie dabei an ihren eigenen siebenjährigen Jungen dachte, und tat, was dieser im Schlaf mochte.

Als Bår nach Hause kam, erzählte ich ihm von dem Gespräch. Es hat mich ein wenig beruhigt, sagte ich. Tränen liefen über seine Wangen, er sah verzweifelt aus. Was ist los?, fragte ich. Ich muss dauernd denken, dass er es vielleicht geschafft hätte, wenn er in Oslo gewesen wäre, sagte Bår.

Edvin kam am 2. Oktober 2013 zur Welt. Wenn ich Anfang 2021 das Laufwerk mit den alten Bildern der Familienkamera anschließe, sehe ich die Dunkelheit, in die er geboren wurde. Haufenweise Schnee, ein kleiner Matrosenjunge auf dem Schoß der Urgroßmutter, ein müdes Morgenlächeln, eine beflissene große Schwester, die ihr Gesicht an seines drückt, Edvins verwirrter Blick. Die Bilder aus seinem ersten Lebensjahr präsentieren die Evolution des Menschen wie in einem Kurzfilm: das Geschöpf, das zuerst auf allen vieren krabbelt, dann aufsteht und seine ersten, wackligen Schritte macht. Seht, ein Mensch!

Kurz vor seinem ersten Geburtstag lernte Edvin laufen. Wie ein betrunkener Seemann schwankte er durch die Küche. Ich war so gerührt, dass ich mich setzen musste, und dachte daran, dass er eines Tages ein erwachsener Mann sein würde, der ein Bein vor das andere setzt, ohne einen Gedanken daran zu verschwenden. Jetzt aber war er voll und ganz damit beschäftigt, sich aufzurichten, vom Krabbeln zum Gehen, und es kostete all seine Kraft. »Was für ein Tag, welch ein Fortschritt, und welche Möglichkeiten nun vor ihm liegen!«, schrieb ich ins Tagebuch.

Er mochte Sicherheit und wollte immer an der Hand gehalten werden. Wenn wir uns zu weit von ihm entfernten, suchten seine Augen uns und er weinte.

Später bekam er diese Schmerzen im Bein, und wir sahen, dass sein linker Fuß beim Gehen leicht nach innen geknickt war. Ich ging mit ihm zu einem Orthopäden, der einen Abdruck seiner Füße machte, und später bekamen wir Einlagen für Edvin mit der Post, blaue Einlegesohlen, die wir von einem Paar Schuhe ins andere steckten. Der Arzt sagte, es würde sich bald geben.

Nach Edvins Tod wollte ich unbedingt etwas haben, das mir Edvins Form gab. Ich fantasierte von einer Skulptur, einer Büste, damit ich ihn berühren konnte. Sein Kopf unter meinen Händen, seine charakteristische Kopfform, vielleicht würde mir das einen Augenblick Ruhe verschaffen?

Glaubst du, sie haben noch seine Fußabdrücke?, fragte ich Bår. Er setzte sich sofort an den Computer und schrieb eine Mail an den Orthopäden. Die Antwort kam schnell. Leider, die Formen seien weggeworfen. Aber sie fühlten mit uns in unserer Trauer.

In den Wochen vor der Geburt bekam ich Angst. Ich konnte nicht schlafen, lief nachts durchs Haus und verspürte große Unruhe. Am 2. Oktober sollte er mit einem geplanten Kaiserschnitt herausgeholt werden. Der Mutterkuchen lag so, dass er den Geburtskanal blockierte, deshalb konnte ich nicht natürlich gebären. Ich fühlte mich, als müsse ich ins Gefängnis oder zu meiner Hinrichtung.

Wovor, glauben Sie, haben Sie Angst?, fragte der Arzt.

Ich wusste es nicht. Ich hatte einfach Angst. Dass das Kind sterben könnte, dass ich sterben könnte, dass ich verbluten könnte. Angst, weil sie mich aufschneiden würden. Dass die Narbe nicht richtig verheilen würde und ich ihn nicht stillen könnte. Dass der Junge es schwer haben könnte, weil er nicht auf dem natürlichen Weg herauskam. Dass die Mutter-Kind-Bindung beeinträchtigt würde.

Vielleicht habe ich Angst, die Kontrolle zu verlieren, antwortete ich.

Dass sie den Verdacht auf asymmetrische Wachstumsstörung bei dem Baby äußerten, machte die Unruhe keineswegs besser. Was genau das bedeutete, wollte mir keiner sagen, außer dass er einen großen Kopf hatte, lange Arme und Beine und einen dünnen Bauch. Nach dem fünften oder sechsten Ultraschall fragte ich den Gynäkologen, der eine der Aufnahmen gemacht hatte.

Wie ich immer sage, antwortete er fröhlich, kann er klein und glücklich herauskommen oder klein und unglücklich. Das können wir nicht wissen.

Diese Antwort machte mich kaum klüger. Ich hatte

Angst, er würde nicht genug Nahrung da drinnen bekommen, dass vielleicht etwas mit der Nabelschnur nicht stimmte.

An einem der letzten Tage vor der Geburt kamen frühmorgens die algerischen Handwerker, die den Boden im Badezimmer fertig machen sollten. Es fehlten nur noch die Fliesen über der Fußbodenheizung. Das stresste mich ungemein. So kurz vor der Geburt konnte ich doch keine Handwerker im Nachthemd empfangen.

Sie können nicht einfach unangemeldet so früh kommen. Entweder du sagst ihnen das, oder ich sage es ihnen selbst!, zischte ich Bår an. Er blieb sitzen und dachte nach. Ich marschierte hinaus vors Bad und schrie sie auf Englisch an: You can't just come here like that, you have to notify us first! Dann begann ich zu weinen. Sie waren in dem kleinen Badezimmer gefangen, ich versperrte ihnen den Weg mit meinem dicken Bauch und meiner Wut. Sie sahen verzweifelt aus, entschuldigten sich, sammelten ihre Sachen zusammen und gingen. Am selben Tag bekamen wir eine Entschuldigung von ihrem Chef. Ich war nicht ich selbst. »Ich selbst« hätte nie so heftig reagiert.

Am Tag vor dem Kaiserschnitt sackte ich Stück für Stück zusammen, auch vor Idun. Ich saß am Frühstückstisch und weinte. Bist du traurig, Mama?, fragte Idun. Ja, sagte ich, ich habe Bauchschmerzen.

Ich wünschte, ich könnte mich daran erinnern, wie das Wetter am Tag seiner Geburt war. Vielleicht war es wie jetzt, an diesem Oktobertag, wenige Tage nachdem Edvin sieben Jahre alt geworden wäre: grau, nass, gelbes Laub an den Bäumen, rutschiges Laub auf den Wegen. Am frühen Morgen gingen wir ins Krankenhaus, es war ganz nah. Ich hatte ein paar Stunden geschlafen. Opa Erik war zu uns gekommen, um Idun in den Kindergarten zu bringen. Als wir die Geburtsstation A in Ullevål betraten, wurden wir in einen Raum geführt, wo sie mich baten, mich zu entkleiden. Ich lag in einem Bett mitten im Zimmer, mit einem langen Krankenhaushemd und nackten Beinen. Bår saß ein Stück entfernt auf einem Stuhl. Sie sind gleich dran, sagte eine der beiden Hebammen, die sich um mich kümmerten. Ich fühlte Panik aufsteigen und konnte nicht richtig atmen. Ich hatte geglaubt, dass es noch ein paar Stunden dauern würde, dass wir warten müssten, und nicht, dass sie sofort loslegen würden. Doch, sagten sie, Sie sind die Erste heute. Sie legten mir einen Venen- und einen Blasenkatheter, zogen mir Strümpfe an, die bis zu den Oberschenkeln gingen, nahmen eine Blutprobe und rasierten meinen Unterleib. Dann bekam ich einen blauen Bademantel. Den Urinbeutel steckten sie in die Tasche des Mantels. Ich sah, wie Bår langsam und umständlich meine Sachen in den Koffer packte, den Reißverschluss zuzog und unsere Jacken einsammelte. Es kam mir vor, als bewege er sich unter Wasser oder als habe ihn jemand auf halbe Geschwindigkeit gestellt, was mich irritierte.

Später verstand ich, dass es seine Art war, eine Situation unter Kontrolle zu halten, die auch für ihn neu war. Eine der Hebammen ging mit dem Beutel voll Infusionslösung voraus. Kann ich den nicht selbst tragen?, fragte ich. Ja, ich wollte Sie nicht an der Leine führen, sagte sie und gab mir den Beutel.

Als wir in den Vorbereitungsraum kamen, wurde ich gebeten, mich auf die Bettkante zu setzen und nach vorne zu beugen. Sie gaben mir eine grässliche Spritze ins Kreuz, die abscheulich wehtat, und ich sagte Au, wo stecht ihr mir denn hin!

Kurz darauf war ich von der Brust abwärts betäubt.

Im Operationssaal warteten sieben oder acht oder neun Leute auf mich. Alle waren Frauen.

Ich hatte Angst, als sie mich aufschnitten. Sie brauchten vier bis fünf Minuten, um ihn herauszuholen. Er wurde direkt aus meinem Bauch gezogen, er, der noch keinen Namen hatte. Ich sah ihn nicht, aber ich hörte seine Schreie hinter dem Vorhang. Dann zeigten sie ihn mir: ein kleines, runzliges und weinendes Gesicht.

Die weiße Käseschmiere auf seiner Stirn, das Weinen, das von irgendwoher kam, als hätte jemand einen kleinen Lautsprecher unter einem Handtuch versteckt, und ich sagte wieder und wieder, dass er seltsam aussehe, wie eine Puppe. Das Ganze war so unwirklich.

Bår meinte, er sehe ganz normal aus.

Dann begannen sie, mich wieder zuzunähen. Sie stopften und stopften, es fühlte sich an, als würden sie mir die Gedärme herausziehen, abspülen und wieder hineinstopfen. Ich bekam Atemnot, und sie gaben mir mehr Beruhigungsmittel. Es war wie in einem Horrorfilm. Es zerrte bis in die Brust herauf. Darauf war ich überhaupt nicht vorbereitet, das hatte mir keiner gesagt. Ich wusste nur, dass sie sieben Schichten aufschnitten und nur vier Schichten wieder zunähten. Der Rest würde von selbst zuwachsen. Sie brauchten eine Dreiviertelstunde, um meinen Bauch zuzunähen.

Sie sind so tapfer, sagten sie wiederholt zu mir.

Nein, ich bin nicht tapfer, sagte ich, denn ich wusste, dass es nicht stimmte.

Später sah ich das Bild, das Bår von ihm gemacht hatte, bevor sie ihn wuschen. Sein ganzer Körper war von Käseschmiere und Blut bedeckt, viel mehr als damals bei

Idun. Kein Wunder, sie hatten ihn ja auch direkt aus seiner Höhle gezogen. Was für ein Schock das für ihn gewesen sein muss. Seine Augen waren tiefschwarz und bodenlos. Er hatte keine asymmetrische Wachstumsstörung, was immer das sein soll, er war lang und dünn wie sein Vater und hatte denselben Hinterkopf wie ich.

Sobald er an meiner Brust lag, baute ich meine Ängste nach und nach ab.

Zwischen Edvin und mir gab es nicht viel Abstand. Wir klebten aneinander. Er mochte es, ganz dicht an mir zu liegen, ob er nun saugte, schlief oder kackte. Ich verbrachte den größten Teil des Tages auf dem Sofa, die Brüste draußen, und versuchte ihn zu stillen.

Seine Augenfarbe veränderte sich zu einem wunderlichen, tiefen Blau. Das Kinn trat allmählich hervor, mit einem kleinen Grübchen in der Mitte. Er hatte weißes, dünnes Haar und sabberte viel.

Als Edvin etwas größer war, legte er starke Arme und Beine um meinen Körper, wie ein Affenjunges, und ich trug ihn umher, mehrere Jahre lang trug ich ihn umher, auch als er schon gehen konnte. Er war kitzlig, neugierig, fröhlich, kompromissbereit. Idun war zwei Jahre und acht Monate älter als er und voller Energie. Sie trug kurzes Haar mit Seitenscheitel und farbenfrohe Kleider: Mützen und Spielzeugschmuck, Faltenröckchen und bunte Strumpfhosen. Edvin strahlte vor Freude, wenn er sie sah. Wenn ich ihren Namen sagte, lachte er fröhlich. Als er sechs Monate alt war, schrieb ich ins Tagebuch:

»Er ist furchtbar süß, hat leicht abstehende Ohren, aufmerksame Augen und lacht viel, ist sehr kitzlig, hat ein zartes Wesen und reagiert stark auf Laute. Ich bilde mir ein, dass er musikalisch ist, er hört mir zu und wirkt gerührt, wenn ich für ihn singe oder er Musik im Radio hört. Schwer zu sagen, was Realität und was Einbildung ist.«

Als er größer wurde und die Welt um sich herum entdeckte, wurde es immer deutlicher, dass er auf andere Menschen reagierte. Er spürte ihre Launen und wie es ihnen ging. Manchmal sah man, dass er die Sorgen der anderen »übernahm«, besonders von Idun. Wenn sie weinte, weinte er auch. Wenn sie sich wehtat, schlug er sich manchmal absichtlich an derselben Stelle. Jeden Tag nach dem Aufwachen fragte er als Erstes nach ihr. Aber er machte nicht nur Idun nach. Wenn wir an einer piependen Ampel vorübergingen, piepte er auch.

Der Winter wurde zum Frühling und der Frühling wurde zum Sommer. Und Edvin wurde ein Jahr alt. Zwei Jahre. Drei Jahre. Vier, fünf. Und sechs. »Hübscher Junge« steht in den Unterlagen der Uniklinik von jenem grauenvollen Tag, zwischen den Messungen von Gewicht und Größe sowie den Ergebnissen unzähliger Blutproben und anderer Tests, die sie an ihm durchgeführt hatten. Eine Krankenpflegerin muss es in den Rapport geschrieben haben.

Sie wussten doch gar nicht, wie er war. Dass er so viel lachte, dass seine Augen dieses spezielle Blau hatten. So etwas sahen die vielen Ärzte und Krankenpfleger nicht, die in dem hässlichen Raum mit dem Krankenbett in der Mitte und den roten Sesseln drumherum kamen und gingen. Und wir hatten keine Kraft, es ihnen zu erzählen. Dass er keinen Lärm mochte. Dass er gut in Mathe war. Von seinen wilden Spielen und all seinen Plänen. Er wollte auf den höchsten Berg Norwegens steigen, sagte er. Auf die Clownschule gehen. Zum Hip-Hop-Kurs. Sie sahen nicht die Funken in seinen tiefblauen Augen.

Irgendwann, als er die Sprache besser beherrschte, begann er mit Wörtern zu jonglieren, um andere zum Lachen zu bringen. Oft dachte er lange nach, bevor er etwas sagte, denn seine Worte sollten eine Pointe haben, er wollte uns überraschen. Manche Menschen haben einfach diesen humoristischen Blick auf die Welt. Weil ich Edvin am nächsten war, sah ich, wie dieser Charakterzug allmählich hervortrat und sich wie eine Blüte in seiner Sprache entfaltete. Edvin fand seine Rolle als Spaßvogel der Familie. Es war nicht leicht, Idun in anderen Dingen zu schlagen, aber er merkte, dass er uns alle besonders gut zum Lachen bringen konnte. Als er älter wurde, fiel uns auf, dass seine lustige Seite irgendwie mit einem anderen Charakterzug zusammenhing, den wir schon länger von ihm kannten, nämlich dem selbstkritischen Zweifler, der selten auf andere wütend wurde, sondern sich selbst die Schuld gab. Manchmal, wenn er in tiefer Verzweiflung den Kopf gegen die Wand schlug, dachte ich: Da müssen wir aufpassen, wenn er in die Pubertät kommt. Wir müssen ihm viel Liebe geben, damit er diesen Impuls überwindet, dachte ich. Die Neigung zur Selbstzerstörung kannte ich noch aus meiner eigenen Kindheit. Dem eigenen Körper Schmerzen zuzufügen, wenn man keine Worte für etwas hat, das wehtut.

Er hätte jedermanns Kind sein können«, sagte ein Freund von uns, als wir einige Monate nach seinem Tod über Edvin redeten. Hellblonde Haare und leicht abstehende Ohren, wie Michel aus Lönneberga. Strickpullover, kurze Jeans und Strümpfe, die er immer wieder über die dünnen Waden zog.

Der rote Mund. Das dicke Haar. Die hübschen, starken Hände. Er liebte Essen, besonders Süßigkeiten. Er konnte auch störrisch sein, was wir besonders in den letzten Jahren zu spüren bekamen. Er trug nur eine Jeansmarke, weigerte sich, Klamotten mit Bildern oder Aufschrift zu tragen (mit Ausnahme von Harry Potter). Wenn wir etwas von ihm verlangten, wozu er keine Lust hatte, sagte er »Nein danke« oder »Ich möchte lieber nicht«, als wäre er Herman Melvilles Bartleby.

Und wenn er einmal zornig war: HALT DEN MUND, DU BLÖDER IDIOT!

Er hätte jedermanns Kind sein können, aber er war unseres. Wie soll ich seine Eigenheiten beschreiben? Wir bauen ein Gerüst um das, was Edvin war, und versuchen, von außen in ihn hereinzuschauen, wie Willi Wiberg, der in seinem selbst gebauten Hubschrauber nach Afrika fliegen will. Aber dann ist da doch nur eine große Leere.

Während Edvin sich uns nur langsam erschloss, waren Iduns Persönlichkeit und ihr Wille von Anfang an klar umrissen. Als Edvin zur Welt kam, hatte sie gerade begonnen, in langen Sätzen und so deutlich wie möglich zu reden. Einmal wollte sie nach Afrika ziehen und dort eine neue Mama, einen neuen Papa und einen neuen kleinen Bruder suchen. Wir dürften sie dort nur freitags besuchen, sagte sie. Wenn sie sauer auf Bår war und nicht mit ihm sprechen oder spielen wollte, sagte sie: »Ich werde am Freitag mit ihm reden.« Zuerst musste sie sich daran gewöhnen, ihren Platz mit jemandem zu teilen, sie war gleichzeitig enthusiastisch und verwirrt. Ich erinnere mich an die Konflikte zwischen den beiden. Edvins schrittweiser Aufruhr, als er seinen eigenen Platz finden wollte. Kurz vor dem letzten Sommer stritten sie sich, wer mehr über Harry Potter wusste, und er schrie: DU BIST NICHT KLÜGER ALS ICH, DU IDIOTIN! Er war so wütend, dass die Adern an seinem Hals hervortraten.

All das sehe ich natürlich nicht, wenn ich die alten Bilder und Videos betrachte, sondern ihre große Nähe zueinander. Immer standen sie dicht beieinander. Er legt den Arm um sie oder sie um ihn. Sie sitzen auf einem Stuhl, liegen in einem Bett. Ich sehe eine große Schwester, der ihr Bruder sehr wichtig ist. Edvin, Edvin, guck mal!, ruft die Dreijährige dem Einjährigen zu und rutscht von der Fensterbank aufs Sofa. Oder er krabbelt ihr hinterher, legt sich neben sie, sie rollen zusammen auf dem Boden herum. Idun zieht an seinem Fuß. Bår steht mit der Kamera da und filmt all diese Szenen, während ich bereit bin einzugreifen. Es sieht lebensgefährlich aus, aber es geht gut.

Ich habe in einem von Edvins Schulheften geblättert. Auf einer Seite stand in großen, schönen Buchstaben SOM-MERFERIEN. Mehr nicht.

Was hätte er den anderen erzählt, wenn er nach den Ferien zurück in die Schule gekommen wäre?

Vielleicht, dass er und Idun zweimal auf einem Pferd geritten waren.

Dass er auf einem Bauernhof einen zahmen Elch gefüttert hatte.

Oder dass er an jenem Tag auf dem Heimweg zur Hütte in einem Gebrauchtwarenladen ein goldfarbenes Kästchen gekauft hatte, das mit rotem Samt ausgeschlagen war. Darin wollte er seine Milchzähne sammeln.

Dass er und Idun bei Oma und Opa in Steinkjer die drei Dinge tun durften, auf die sie sich am meisten gefreut hatten: baden, Himbeeren pflücken und mit Papas altem Lego spielen.

Vielleicht hätte er auch von den schönen Holzmessern erzählt, die Opa für sie geschnitzt hatte und die sie eifrig mit Sandpapier polierten.

Die Kaulquappen.

Die Pferde.

Der Ausflug auf die kleine Insel im Årvillingen.

Ich selbst erinnere mich am besten an die Kraniche, die großen Vögel, die mit ihren langen Beine ein wenig an Elche erinnern. Träge und mit durchdringenden Schreien stiegen sie von dem Acker unter uns auf und schwebten wie riesige Flocken am Himmel. Jedes Mal, wenn wir sie hörten, liefen wir auf die Veranda hinaus, um das Spektakel zu beobachten – Kvamsfjells Alternative zu Computerspielen.

Mitte April 2018, fast genau drei Jahre bevor ich diese Worte schreibe, las ich *Carls Buch* von der dänischen Schriftstellerin Naja Marie Aidt. Es trägt den Untertitel *Hat der Tod dir etwas genommen, dann gib es zurück.* Nach dem Tod ihres Sohnes Carl konnte Aidt lange Zeit nicht lesen und schreiben. Es dauerte neun Monate, bis sie die ersten einzelnen Sätze auf Zetteln notierte. Sie war wütend, und aus dem Zorn und der Verzweiflung schuf sie ein zerstörtes Buch, so zerstört, wie sie selbst war. Ihr Sohn Carl starb, nachdem er eines Abends zusammen mit einem Freund halluzinogene Pilze gegessen hatte. Er war fünfundzwanzig Jahre alt. Während sie einen schönen Abend bei ihrem ältesten Sohn verbrachte, dessen Kind und schwangere Frau in der Etage über ihnen schliefen, starb ihr zweitältester Sohn. Er war im Delirium, fühlte sich verfolgt und sprang im vierten Stock aus dem Fenster. Aidts Buch hat mich tief beeindruckt, ich schrieb darüber in mein Tagebuch: »Es ist kaum zu ertragen. Sie erträgt es nicht, kann danach nicht mehr schreiben, notiert nur Bruchstücke, die in das Buch eingehen.«

Damals war Idun sieben Jahre alt und Edvin viereinhalb. Ich war der dänischen Autorin dankbar dafür, dass sie die Trauer so offen und bitter schilderte, dass sie uns anderen die Tür zu diesem zerreißenden Gefühl öffnete. Im selben Monat schrieb ich, wie Edvin sich über die plötzliche Wärme freute: »Und dann kam der Frühling! Heute Nachmittag weigerte sich Edvin, ins Haus zu kommen. Es war fast sechs Uhr, der Hof lag schon im Schatten, bis auf die hintere Ecke. Ich brachte Kaffee, Milch und Kartoffelfladen mit Käse dorthin, und wir setzten uns auf den Asphalt und aßen. Er ist wie ein Kalb im Frühling, springt fröhlich umher und will nicht rein. Ich hängte die Wäsche auf, während er weiter im Hof spielte. Vor wenigen Wochen lag noch viel Schnee, jetzt sind nur noch ein paar hartnäckige Flecken übrig. Ich liebe den Frühling.«

Aidt hatte ihren Sohn verloren, mein Sohn sprang in der Sonne umher, ganz verrückt vor Freude.

Wir ahnten nichts Böses, wie man sagt.

Wir setzten einen Fuß vor den anderen, gingen stur geradeaus, glaubten, wir wären sicher.

Als die letzten Schneeflecken getaut sind und das Licht den Hof füllt, gehen wir wieder nach draußen, in den ersten Frühling ohne Edvin. An einem Samstag im April 2021 sitzen wir mit Tone auf dem Hof und trinken Kaffee, während Andreas, Idun und die anderen Zehnjährigen Skateboard fahren und ihre besten Tricks vorführen. Auf den Spielgeräten klettert eine neue Generation von Kleinkindern, umkreist von ihren Eltern. Finn und Sigrid und wie sie alle heißen. Ich schaue ihnen zu und denke, dass ich vor Kurzem noch eine von ihnen war. Ich sehe mich selbst, als wir 2013 hier einzogen, mit einer Zweijährigen und einem Kind im Bauch. Wir hatten eine achtzig Quadratmeter große Dreizimmerwohnung ausgesucht, die wir uns kaum leisten konnten. Ich war so zufrieden mit dem kleinen Mädchen und dem immer dicker werdenden Bauch. Mir war oft übel und ich war müde, hatte einen gut bezahlten Job aufgegeben und war nun Freelancerin. Aber wir würden es schaffen. Ich war wie die Eltern der Kleinkinder, die nun im Hof spielen. Jetzt bin ich eine reife Frau von dreiundvierzig Jahren. Ich färbe keine Strähnen mehr und wirke erschöpft, das sehe ich im Spiegel. Ein Augenlid tendiert dazu, etwas herabzuhängen, wie ein Barometer meiner Müdigkeit. Die Haut unter den Augen ist geschwollen. Meine Augen lassen mich so traurig aussehen, wie ich mich fühle. Ich habe eine Tochter, die bald in die Pubertät kommt. Als Edvin starb, rückten wir mit einem Mal drei Jahre in der Zeit vor. Eigentlich hätten wir jetzt ein siebenjähriges Kind gehabt.

Ich fühle mich, als könnte ich einen Vorhang öffnen und in unser altes Leben zurückgehen. Letztes Jahr zu dieser Zeit fuhren Edvin und Idun hier mit den neuen Fahrrädern herum, die Bår ihnen gekauft hatte. Gebraucht, aber brandneu für sie. Sie waren so fröhlich und dankbar. Neue Fahrräder zu bekommen war eine große Sache. Letztes Jahr spielten sie mit den anderen Kindern, und nun muss Idun neue Spielkameraden finden.

Ich muss oft daran denken, was Edvin über die Schulkinder sagte. *Die Beliebten nenne ich Promis, die Unbeliebten sind die Armen.* Ich übertrage seine Worte auf mich selbst. Ich war mal ein Promi, denke ich, und nun bin ich eine Arme. Beliebt – arm, in einem Augenschlag. Ich denke an Idun und beherrsche mich.

Wir haben so viel an Idun, und trotzdem wird mir schwindlig. Als stünde ich auf der anderen Seite einer Scheibe und betrachte das Leben der anderen. Ich fühle mich fast unsichtbar. Idun hat das Skateboard unter Kontrolle und zischt in voller Fahrt über den Hof. Sie ist diesen Winter stark gewachsen, trägt Schlaghosen und hat ihr Haar zu einem Pferdeschwanz gebunden. In der Sonne treten ihre hübschen Sommersprossen über der Nase vor. Sie besitzt eine Lebenskraft, die uns alle mitzieht. Sie trägt das Licht in sich und hat es nötig, dass es auch in uns leuchtet. Dass wir nicht ertrinken. Vor unseren Augen spielt sich *ihre* Kindheit ab. Sie diskutiert mit ihren Freunden die Regeln eines neuen Spiels: Sie stoßen das Skateboard so an, dass es unter einem Gartentisch mit Bänken hindurchrollt. Dann springen sie über Tisch und Bänke und auf der anderen Seite auf das Skateboard. Wenn ich sie anschaue, sehe ich oft den leeren Platz neben ihr, wo Edvin sein sollte. Aber wenn sie so beschäftigt ist, fühlt sie diese Leere hoffentlich nicht? Jedenfalls nicht die ganze Zeit? Ich weiß es nicht. Sie sieht die Welt mit anderen Augen. Ein Zehntel ihres Lebens ist vergangen, seit Edvin gestorben ist. Ihr Körper wächst fast jede Nacht, sie ist an jedem Morgen ein Stück neu, auf dem Weg in die Zukunft. Manchmal ist sie einsam und verwirrt, manchmal auch rastlos. Aber sie kann auch entspannt und fröhlich sein, wie jetzt. Sie hat ihren Bruder verloren, ihren Kompagnon und engsten Verbündeten. Einen, der sie bewundert hat und jederzeit mit ihr in andere Welten abgetaucht ist. Der Gartentisch war ein Boot, beladen mit Proviant, der Boden im Wohnzimmer ein Meer – mit ihm konnte sie überallhin reisen.

Sie darf uns nicht auch noch verlieren, sie darf keine Mutter haben, in deren Augen das Licht erloschen ist.

Am 18. August, acht Tage nach Edvins Tod, fuhren wir mit dem Rad zum Restaurant Villa Paradiso in Lilleborg. Das war viel zu früh. Ich merkte es an meiner großen Angst vor dem Verkehr. Ich hielt Idun im Arm, während wir auf Grün warteten. Ich zitterte vor Furcht. In ein Restaurant zu gehen, sich an einen Tisch zu setzen, nur Bår, Idun und ich. Ein leerer Stuhl, als säßen wir mit einem Gespenst zusammen. Es war ein Fehler, dorthin zu fahren.

Wie seltsam, zu dritt hier zu sein, ohne Edvin, sagte ich.

Edvin ist in einer anderen Zeit, sagte Idun. In vielen Jahren werden wir auch dort sein, in tausend Millionen Jahren.

Zu diesem Zeitpunkt waren wir uns nicht sicher, ob sie verstand, dass er tot war. Wir dachten, es sei wichtig, ihr dies vor der Trauerfeier zu erklären, die in zwei Tagen stattfinden sollte. Aber sie wollte nicht darüber reden. Sie sah sich um, als hätte sie Angst, dass jemand diese Wörter hörte.

Edvin, tot, Trauerfeier, Sarg. Gefährliche Wörter.

Als wir heimkamen, war ich völlig erschöpft.

Es ist schwierig, tagsüber über Trauer zu reden, sagten wir. Das ist normal, sagten wir, Weinen, nicht Weinen.

Was, wenn ich weinen will und es nicht schaffe?, fragte Idun.

Am Abend sagte sie, sie wolle, dass Edvin zurückkommt, nichts anderes.

Ich auch, sagte ich.

Ich vermisse alles von ihm, sagte sie. Dass er sein Essen herunterschlang. Dass er so unordentlich war. Dass er immer mit meinen Sachen spielen wollte. Alles!

Wir haben alles an ihm geliebt, sagte ich.

Sie erzählte, dass Edvin nicht schlafen konnte, als sie bei Oma und Opa in Steinkjer waren. Er kam zu ihr, sagte, er vermisse Mama und Papa, und fragte, ob er bei ihr schlafen dürfe.

Durfte er?

Ja.

Sie lagen zusammen im Bett und schwatzten, sie streichelte seinen Rücken.

Seid ihr dann eingeschlafen?, fragte ich.

Ich nicht, sagte sie, aber Edvin.

Könntest du dir vorstellen, eine kleine Schwester oder einen kleinen Bruder zu bekommen?, fragte ich Idun.

Ja, ich könnte mir einen siebenjährigen Bruder vorstellen.

Ich schreibe eine Mail an die zentrale Statistikbehörde, in der ich frage, wie viele im Jahr 2013 in Norwegen geborene Kinder inzwischen gestorben sind. Ein Mitarbeiter namens Jan hat die Statistiken geprüft und Folgendes ausgerechnet: Insgesamt 190 Kinder, die 2020 sieben Jahre alt geworden wären, sind seit 2013 verstorben. In Prozentpunkten sind das nicht viele. Trotzdem, die Zahl erschreckt mich. 190 Leben. Die meisten davon starben in den ersten Jahren, dann geht die Kurve deutlich nach unten. Nur fünf bis sieben Kinder starben in den letzten Jahren und dem ersten Schuljahr. Wie viele Geschwister und Eltern macht das? Wie viele Geschwister und Freunde und Tanten und Onkel und Großeltern und Lehrer und Betreuer im Kindergarten macht das? Viele stehen am Rand des Kraters, in dem die toten Kinder liegen. Viele müssen ohne diese 190 Kinder weiterleben.

Ich glaube nicht an den Himmel. Ich glaube nicht an Gott. Auch nicht an Engel oder an ein Leben nach dem Tod. Ich glaube nicht an Magie.

Bår glaubt *noch* weniger als ich, falls das möglich ist. Und das ist es. Atheistischer als Bår kann man kaum sein.

Viele glauben, dass die Verstorbenen uns in Form kleiner Zeichen erscheinen. Eine Bachstelze am Fenster, ein Regenbogen, ein Schmetterling, der sich auf einen Löwenzahn setzt und furchtlos in der Nähe bleibt. Kommen die Toten zu uns, sind sie immer noch unter uns? Haben sie die Fähigkeit, kleine Tiere zu beseelen und durch ihre Augen zu sehen? Haben die Toten, wenn sie noch in irgendeiner Form existieren, nichts Besseres zu tun, als Zeichen auf die Erde zu schicken? Der englische Schriftsteller Michael Rosen nennt dies *the intentional fallacy* (»der absichtliche Fehlschluss«). Rosen verlor 1989 seinen zwanzigjährigen Sohn und schrieb später *Mein trauriges Buch*. Die Illustrationen des Buchs drücken seine Niedergeschlagenheit sehr anschaulich aus. Der Erzähler ist Michael selbst. Wir sehen eine skizzenhafte Figur mit einem krummen Rücken und großen Augen, gezeichnet vor einem braun-beige-grauen Aquarellhintergrund. Die Gefühle übertragen sich vom Inneren des Erzählers auf die Umgebung. So interpretieren wir Menschen seit Tausenden von Jahren unsere Umgebung. Wir können gar nicht anders. Wir sagen, es sei kein Zufall, dass die Sonne genau zu dem Zeitpunkt durch die Wolken brach, als wir Erde auf den Sarg streuten. Oder dass der Verstorbene seine

Hand im Spiel habe, wenn ein Regenbogen aufleuchtet. Oder dass diese Bachstelze sich sehr auffällig verhalten habe, als hätte sie eine Botschaft. Es kann ein großer Trost sein, an solche Dinge zu glauben.

In der ersten Zeit suchte ich auch nach ZEICHEN und hätte genommen, was auch immer sich mir geboten hätte. Denn wo war Edvin? Irgendwo musste er doch sein. Der Gedanke, er sei nirgends und nichts, war unmöglich. Bleibt denn gar nichts übrig? Wie können so strahlend blaue Augen einfach verschwinden? Und die fein geformten Augenbrauen. Der Mund, der sich öffnet und lacht.

Ich hätte gerne etwas gehabt, an dem ich mich hätte festhalten können. Idun und ich sprachen manchmal über Nangijala oder einen ähnlichen Ort. Dass Edvin nun in dieser Welt in einer anderen Zeit als unserer lebe. Dass er dort den Pullover trage, den Mama ihm gestrickt hatte, und der ihm schon zu kurz an den Ärmeln war. Dass er dort durch einen Bach wate, Kaninchen und Pferde halte und in einem rot gestrichenen Zimmer wohne. Bei seiner Ankunft sei er von Sif begrüßt worden, dem Hund meiner Eltern, der einen Sommer vor Edvin starb. Und Kazan, mein Kindheitshund, sei ebenfalls dort.

Vielleicht ist meine Oma auch da?, fragte ich.

Idun schüttelte den Kopf. Uroma sei nicht dort, da war sie sicher. Sie sei in einem anderen Land, zu einer etwas anderen Zeit.

Diese Spekulationen waren gut, weil ich sie mit Idun teilen konnte. Wir versuchten nur, einen passenden Ort für Edvin zu finden.

Aber Mama, sagte sie zum Schluss. Ich glaube eigentlich nicht an Nangijala.

Wir haben keinen Glauben und keine Zeichen, mit denen wir uns trösten könnten. Keinen Schamanismus, keine

Magie. Trotzdem waren wir ein Teil der Weltgeschichte oder der tausendjährigen Leidensgeschichte der Menschen. Bis dahin hatten wir ein so sicheres Leben geführt, dass es fast unwirklich schien. Norwegen, Oslo, Sagene. Warme Daunenbetten für alle, Kaffeemühlen, elektrische Lastenfahrräder, Verlagsjob. Unser Leben war in weiche Federn gepackt.

In den Jahren, als Papa krank war, spürten wir zum ersten Mal den Atem des Todes, aber er überlebte. Nanna, Bårs Mutter, erlitt einen Schlaganfall und wurde in ein künstliches Koma versetzt, aber auch sie erholte sich wieder. Als Edvin klein war, war ich so schlecht in Form, dass ich mich manchmal fragte, welche Zukunft vor mir lag und ob ich überhaupt auf der Arbeit und als Mutter etwas taugte. Doch dann bekam ich Hilfe von einem privaten Arzt, fand die richtige Medizin für meinen Stoffwechsel, und es ging mir schrittweise besser. Unsere Leben konnten weitergehen. Wir hatten viele gute Jahre.

Ich erinnere mich, dass ich mit dem Fahrrad von der Arbeit nach Hause fuhr, bergauf durch Grünerløkka. Ich dachte darüber nach, wie gut wir es hatten, und fragte mich, wie lange das anhalten konnte, wann das Telefon klingeln und ich erfahren würde, dass jemand gestorben war. Ich glaube, das war im Sommer 2020. Aber nichts geschah. Nicht damals. Doch dann kam der Montagabend im August, an dem Papa anrief und sagte: *Es ist ernst*, und dann sahen wir Edvin in dem Krankenhausbett, und ein Abgrund tat sich rings um uns auf, eine Erdspalte, die sich seit Tausenden von Jahren offenbarte, wann immer jemand starb – seit der Mensch zu denken begann, nein, zu fühlen. Ein Abgrund zwischen den Lebenden und den Toten. Es gibt so viele, die ein Kind verloren haben.

Das Wetter war gut und mild in jenem Frühherbst. Die Sonne wärmte mein Gesicht, sie war immer da gewesen, aber es kam mir vor, als nähme ich die Wärme anders als früher wahr. Morgens, nachdem einer von uns Idun in die Schule gebracht hatte, gingen Bår und ich meist zum Gut Vøienvolden hinüber, dem denkmalgeschützten Hof, den wir von unserem Fenster aus sehen. Er hat mehrere Wirtschaftsgebäude, und hinter dem Haupthaus liegt ein lauschiger Garten, den nicht so viele kennen. Wir hatten Kaffee und eine Picknickdecke dabei, setzten uns auf die Treppe und redeten miteinander. Hier hatten Edvin und seine Freunde vor den Sommerferien, als es so heiß war, oft gespielt. Sie nahmen Badehosen und Handtücher mit und hüpften durch den Wasserstrahl des Rasensprengers. In dem Garten stand ein kaputter Stuhl, der mich an den Tag erinnerte, als ich mit Idun, Edvin und einem ihrer Freunde dort gewesen war. Edvin wollte den Stuhl um- stellen, wobei die Armlehne abriss. Was jetzt, fragte ich mich. Ich steckte die Armlehne so gut wie möglich wieder an den Stuhl und sagte, er sei schon kaputt gewesen. Das mochte stimmen, aber so erzieht man seine Kinder kaum zu verantwortungsvollen Bürgern. Bår hätte so etwas nie getan, er hätte Werkzeug geholt und den Stuhl repariert oder einen Zettel mit unserer Telefonnummer drange- hängt und dazugeschrieben, dass wir ihn kaputt gemacht hatten.

Nun stand der kaputte Stuhl noch immer dort. Ich lä- chelte bei der Erinnerung und hoffte, sie würden ihn nie wegräumen. Alles um mich herum glänzte in der Sonne, und ich war erleichtert, weil ich das Schöne sah, weil nicht mehr alles hässlich und gleichgültig war. Wir erfuhren gro- ßen Schmerz, aber wir waren nicht die Ersten, die leiden mussten. Schon die alten Mythen handeln von Leid und

Verlust, und plötzlich verstanden wir sie besser. Lots Frau im Alten Testament, die sich nach ihrer brennenden Heimat Sodom umdreht und zur Salzsäule erstarrt; Orpheus und Eurydike in der griechischen Mythologie. Er hält es ohne sie nicht aus und steigt hinab ins Reich der Toten. Dort spielt und singt er so schön, dass er Eurydike wieder auf die Erde mitnehmen darf. Aber nur, wenn er sich nicht umdreht. Er geht voran, und plötzlich überkommt ihn der Zweifel. Ist sie wirklich hinter ihm? Kurz bevor sie die Oberfläche erreichen, dreht er sich um, und sie wird wieder hinabgezogen und stirbt zum zweiten Mal. Oder Zeus' Tochter Persephone, die von Hades als Braut ins Totenreich entführt wird. Ihre Mutter Demeter, die Göttin der Fruchtbarkeit, wandert verzweifelt umher und sucht nach ihr. Weil dabei alle Pflanzen ihr Wachstum einstellen, greift Zeus ein und erreicht einen Kompromiss: Persephone verbringt eine Hälfte des Jahres in der Unterwelt und die andere auf der Erde. So entstanden Winter und Sommer.

Ich kann mir die Verzweiflung Demeters gut vorstellen. Wo ist ihre Tochter? Sie kann doch nicht einfach verschwinden.

Zwei Tage vor der Trauerfeier, am 19. August, saßen wir auf einer Bank in Vøienvolden und blickten auf schief stehende Fliederbäume, die mit Stangen aufrecht gehalten wurden, den kaputten Gartenstuhl und den eingerollten Wasserschlauch. Als säßen wir auf einem Boot, das gerade ablegte, sagte Bår. An Land stand Edvin, und wir glitten immer weiter aufs Wasser hinaus, weg von ihm. Zwei Tage später stand Bår an Edvins Sarg in der Kirche von Sagene und hielt eine Rede. Er trug einen dunkelgrauen Anzug, hatte graue Strähnen in Haar und Bart und ein ernstes

Gesicht. Als ich ihn kennenlernte, war er ein dünner Einundzwanzigjähriger mit langen Haaren und Spitzbärtchen. Nun sollte er eine Rede über seinen toten Sohn halten. In den letzten Tagen war er kaum ansprechbar gewesen. Die Wohnung war voll mit Leuten, die Essen kochten und Möbel zusammenschraubten, und sie mussten dauernd Bår fragen, wie er es haben wollte, denn bei ihm gab es keinerlei Standard-IKEA-Lösungen. Zwischendrin verschwand er im Schlafzimmer, um seine Rede zu schreiben. Die Rede war wichtig, sie war gut geschrieben und durchdacht. Wie Bår in diesen Tagen so viel Überblick behalten konnte, weiß ich nicht.

Er blieb gefasst, als er neben dem Sarg stand, nur manchmal brach seine Stimme. Er sagte, dass wir alle versuchten, etwas Sinnvolles zu erschaffen, und das bräuchten wir jetzt:

»Manche zünden Kerzen an, andere beten. Ich muss es auf meine Art tun, weil Edvin mein Junge war. Ich tue es mit dieser Erinnerungsrede. Und indem ich an den Abschied auf der Hütte zurückdenke, als Edvin mit einem Fähnchen gewunken hat. In den letzten Tagen habe ich mich gefühlt wie auf einem Schiff, das sich immer weiter von dem entfernt, was war. Am Anfang dachte ich noch, ich könnte zurück auf den Kai springen oder ins Wasser und zurückschwimmen. Nun wird es mit jedem Tag deutlicher, dass dies unmöglich ist, ich muss mich damit abfinden. Aber ich bin nicht allein auf diesem Schiff. Idun und Therese und alle, die wir lieben, sind dabei. Und das Schiff fährt weiter.«

Idun seufzte und legte den Kopf in meinen Schoß. Ich hatte Angst, dass die Trauergäste ungeduldig würden oder Bårs Rede zu lehrhaft fänden. Die Rede *war* lang, ein bisschen wie eine Vorlesung, aber sie umfasste Edvin und

Idun und mich, und nicht zuletzt die ganze anwesende Gemeinschaft. Er erzählte, wie die Gemeinde und der Pfarrer uns angenommen und es ermöglicht hatten, dass wir hier auf unsere Art und Weise die Trauerfeier abhalten konnten, mit Gesang und Musik, aber ohne religiösen Überbau. Wir hatten dreimal mit Knut, dem Pfarrer, gesprochen. Er sagte uns, wie viel Liturgie dabei sein musste, damit die Feier in der Kirche stattfinden durfte. Bårs Rede war ein Ersatz für die traditionelle Bibelauslegung. Das letzte Mal hatten wir Knut am Abend zuvor in der Kirche getroffen, wobei die Frage aufkam, ob er beim Segen am Ende der Zeremonie ein Kreuz schlagen sollte. *Erde zu Erde, Asche zu Asche, Staub zu Staub.*

Für mich war das kein Problem, aber Bår tat sich schwer mit dem Kreuz. Einen Tag vorher hatten wir eine Mail bekommen, in der alle Programmpunkte festgehalten waren, aber das hatte keiner von uns mitbekommen.

Bår runzelte die Stirn und schwieg lange. Ich sah, dass es ihn viel Kraft kostete, dies zu akzeptieren. Mir war schwindlig, ich hatte Angst, dass wir dem Pfarrer zur Last fielen.

Für mich ist es in Ordnung, es auszulassen, sagte Knut. Schaut euch nur um, die Kirche ist ein einziges Kreuz, überall hängen Kreuze. Der Kirchenraum sei wie ein Schrei, sagte er.

Ich erschrak etwas über seine Wortwahl. Das klang so dramatisch, fast übertrieben. Ich verstand nicht, was wir verloren hatten. Der Schock musste uns beschützt haben. Wenn ich daran zurückdenke, frage ich mich, was der Tod an diesem Ort für uns bedeutete, so gefasst, wie wir trotz allem waren.

Der Sarg war 1,70 Meter lang. Um ihn herum lagen Edvins persönliche Dinge: die Querflöte, der Jiu-Jitsu-Anzug mit dem gelben Gürtel, die mit Klebeband reparierten Schuhe und ein kleiner Honigtopf, weil er Honig so liebte. Überall lagen Gestecke und Blumensträuße in allen Farben. Sowohl Edvins als auch Iduns Klassenkameraden waren da gewesen und hatten selbst gemalte Bilder niedergelegt. Vor dem Sarg lag eine einfache gelbe Blume aus dem Hof. Idun hatte sie dorthin gelegt. Bevor die Zeremonie begann, musste ich mehrmals nach vorne gehen, um ihm so nahe wie möglich zu sein. Ich streichelte den Sarg wie einen Hund. Einen alten, lieben Hund. Dann saßen wir dort in Reih und Glied. Idun spielte Klarinette für ihren Bruder, »Can You Feel the Love Tonight«, mit der Nachbarin Nina am Klavier. Sie hatten eine Woche lang jeden Abend geübt. Systematisch und mit starkem Ton arbeitete Idun sich durch die Melodie, sie sah elegant aus in ihrem schwarz-weißen Kleid. Als ich ihr später sagte, wie gut und sicher sie gespielt hatte, sagte sie nur: »Ich konnte kaum in die Klarinette blasen.«

Es gab viel Musik auf Edvins Trauerfeier. Mitglieder des Schulblasorchesters musizierten, ein Nachbar spielte mit Edvins Flötenlehrer ein Flötenduett. Kirsti Huke von den Quatschkatzenschnuten, der Lieblingsband der Kinder, sang ein Lied. Ich trat vor und las den Liedtext »Gib mir deine Hand, mein Freund« vor. Meine Beine zitterten, aber ich schaffte es. Wir drei gingen zum Sarg und legten jeder eine Rose und einen Brief an Edvin ab, den wir am Abend zuvor gemeinsam geschrieben hatten. Von jedem einen Text und Zeichnungen, die er mit auf seinen Weg bekommen sollte.

Dann war es Zeit, den Sarg hinauszutragen. Bår, sein Bruder Jo, Opa Erik und mein Bruder Joachim trugen ihn. »Der Mann ist nicht heiter, der die Glieder eines Sohnes aus dem Hause trägt«, heißt es im *Sonatorrek*, einem

Klagelied aus der altisländischen Egils saga. Jetzt waren wir an der Reihe. Mit Idun im Arm ging ich hinter dem weißen Sarg zwischen den dunkel gekleideten Männern her. Auf dem Weg zum Ausgang kam es mir vor, als wären nur einzelne Gesichter erleuchtet, während alle anderen im Dunkeln blieben. Tränennasse, fassungslose Gesichter. Der Sarg wurde in das Auto geschoben, das draußen bereitstand.

Es regnete, nein, es schüttete an jenem Tag. Ein erbarmungsloser Wolkenbruch mit dicken Tropfen. Ich stand mit Idun im Regen, Bår stand ein Stück weiter. Anja-Kristin, die Dirigentin des Blasorchesters, spielte mit den zwei Flötisten das Lied aus dem Puppenfilm *Flåklypa Grand Prix* auf der Trompete. Ich ging zum Auto und legte noch einmal die Hand an den Sarg. Es war so schwer loszulassen. Ich wollte ihn nur weiter festhalten. Aber dann sah ich Idun, die dünn angezogen im Regen stand. Sie weinte fürchterlich, die Tränen strömten ihr über die Wangen. Ich ließ den Sarg los – mir blieb ja nichts anderes übrig –, spannte den Regenschirm auf und nahm Idun fest in den Arm.

Einige Tage später sah ich kurz vorm Einschlafen ein flüchtiges Bild vor den Augen: Idun und ich im strömenden Regen am Sarg, bitterlich weinend. Ich sah mich selbst dort stehen, in einem Arm Idun und im anderen Edvin. Ich tröstete sie beide. Er war tot und lag in dem schwarzen Auto im Sarg, aber er war auch an meiner Seite und brauchte Trost.

All die Regenschirme. Menschen in dunklen Kleidern, in kleinen Gruppen, aneinandergelehnt.

Der Leichenwagen fädelte sich in den Verkehr ein. Ein großer roter Bus ordnete sich direkt hinter ihm ein, dann

ein Fahrradfahrer. Wir sahen, wie der Wagen in die Uelands gate einbog und verschwand.

Wenn ich an den Platz vor der Kirche denke, sehe ich
wieder und wieder den Sarg vor mir. Der Sarg im Auto,
meine Hand, mein Körper, der ihn nicht loslassen will.
Schließlich konnten wir nicht länger dort stehen. Die Musik war verstummt, ich umarmte alle, die zu mir kamen,
dann folgte ich Idun.

Nach der Gedenkstunde in der Kirche versammelten
wir uns im Gemeindehaus von Iladalen. Wir liefen im
Regen dorthin, Idun in ihrem schönen Kleid mit Gummistiefeln und dem Plüschaffen Lars in der Hand. Als wir
ankamen, sahen wir zuerst die Blumen. Die Sträuße und
Gestecke aus der Kirche lagen nun dicht an dicht auf den
Fensterbänken. Viele Gäste waren schon da und sprachen
miteinander. Fünfzig Leute durften wir einladen, und
Nachbarn und Freunde hatten ein Komitee gebildet, um
alle Aufgaben zu verteilen. Die Tische waren mit Tisch-
decken in allen Farben gedeckt, viele davon erkannte ich
von Sommerfesten und Abendessen im Hof wieder.

Nachbarn und Freunde. Sie erledigten alles, damit wir
uns um nichts kümmern mussten. So waren die Menschen in Sagene, dem Dorf in der Stadt, das man nicht nur
braucht, um Kinder großzuziehen, sondern auch, wenn
ein Kind stirbt. Unsere Kindersitter waren auch dabei und
servierten gemeinsam mit ihren Eltern. Die Nachbarn
hatten Kuchen gebacken. Bårs Bruder hielt eine Rede.
Er sprach von der großen Freude, die Idun und Edvin in
seinem Leben bereiteten. Auch Gro, die über uns wohnt,
hielt eine Rede. Sie erzählte, wie es öfter frühmorgens an
ihrer Tür klopfte. Es war Edvin, der dringend aufs Klo
musste, das bei uns besetzt war. Manchmal saß er ganz

lange bei ihr auf der Toilette und betrachtete die Bilder, die sie dort aufgehängt hatte. Einmal fragte er sie, warum sie noch keinen Pullover für ihn gestrickt habe. Alle Großmütter strickten doch Pullis für ihre Enkel. Er fragte sogar, warum kein Bild von ihm in ihrer Wohnung hing, wie das von ihren Enkeln.

Gro sagte, es tue ihr leid, dass sie noch kein Bild von ihm und Idun im Flur aufgehängt hatte. Sie kannte Idun, seit sie zwei Jahre alt war, und Edvin seit seiner Geburt. Nur wenige Tage nachdem er zur Welt gekommen war, kam sie zu Besuch, und wir legten ihr das kleine Bündel namens Edvin direkt in die Arme. Bitte schön! Als sie dies erzählte, kamen ihr die Tränen.

Ich stand zu diesem Zeitpunkt neben mir, wie in einer Blase, die mich von den anderen davontrug. Die Kinder malten und lachten. Wir hörten ihr Lachen aus dem Spielraum im Keller. Kinderlachen, kein Weinen – es war so leicht, sich vorzustellen, dass Edvin unter ihnen sei. Ich hörte fast seine Stimme und sah sein helles Haar. Ich sprach mit den Leuten, war nach außen hin rational und klar, aber meine Haut zitterte.

Nie wieder Edvin.

Der Tag der Trauerfeier war nicht der Schlimmste, denn er hatte ein unsichtbares Zentrum, um das wir alle kreisten. Wir sangen für ihn, trauerten um ihn, aßen Kuchen für ihn und nahmen Umarmungen für ihn entgegen.

Dann gingen wir nach Hause, Idun, Bår und ich.

Daheim schauten Bår und Idun ein Video mit dem Titel *Jazz dispute* auf YouTube an. Ein Mann spielt darin zwei Männer in gestreiften Pyjamas, die miteinander streiten. Am Ende prügeln sie sich, ein altmodischer, übertriebener Faustkampf, wie in einem Stummfilm. Ihre Stimmen sind durch Saxofone ersetzt. Ich habe ein Bild von Bår und Idun, wie sie dicht beieinander auf dem Sofa sitzen, Bår noch im Anzug, Idun in dem schwarz geblümten Kleid. Sie schaut ernst auf den Bildschirm, Bår lacht mit offenem Mund. Es war ein freudloser Tag, und doch kam das Lachen wieder. Es wies in die Zukunft.

ch will, dass alles anhält, sagt Idun. Ich will, dass die Zeit anhält. Ich will nicht, dass das geschehen ist. Ich will, dass Edvin zurückkommt. Ich will, dass du wieder froh bist. Ich will meine Mama wiederhaben.

Wenn er im Rollstuhl gesessen hätte, hätten wir uns um ihn gekümmert. Oder wenn er am ganzen Körper gelähmt wäre. Alles, nur nicht das.

Ich erinnere mich an meinen Vater. Sobald wir das Auto in der Einfahrt zu seinem Haus in Kvam geparkt hatten, stieg er aus und pinkelte an die Steinmauer. Dann ging er hinein. Viele Männer sind so – Freiluftpinkler. Ich kann sie gut verstehen. Es liegt eine große Freiheit darin zu pinkeln, wo man will, besonders auf dem eigenen Grundstück. Wenn ich einen Penis hätte, würde ich das auch tun.

Edvin war auch so ein Freiluftpinkler. Sobald er gelernt hatte, seinen Strahl ohne allzu viel Schweinerei zu steuern, pinkelte er lieber irgendwo im Freien, anstatt aufs Klo zu gehen. Er pinkelte von der Treppe oder hinter den Büschen vor der Haustür. Er pinkelte an verschiedenen Ecken im Hof. Im Wald und in den Bergen durfte er überall pinkeln, ohne dass es jemanden störte. In der Stadt war das natürlich anders, aber das wiederum störte ihn wenig.

Wir saßen oft mit den Kindern auf einer Bank im Park vor der Kirche und aßen Eis. Wartet kurz!, sagte er, lief unter den buschigen Baum rechts von der Kirche und kam mit zufriedenem Gesichtsausdruck wieder. Beim letzten Mal blieb er ziemlich lange fort. Er war gestolpert und hatte sich auf dem Weg zum Baum das Knie aufgeschlagen.

Damit musst du jetzt aufhören!, sagte ich und setzte eine strenge Stimme auf. Du bist jetzt ein großer Junge, da kannst du nicht einfach an die Kirche pinkeln, das ist nicht in Ordnung.

Edvin sah mich an. Okay, sagte er. Offenbar hatte ich

ihn erreicht, er schien zu verstehen, dass er nicht mehr einfach so überall pinkeln konnte.

Alle zwei Wochen fuhr ich mit dem Rad zur Uniklinik hinauf, um einen Psychologen zu treffen. Ich mochte ihn, weil er verständnisvoll und sympathisch war. Und ich mochte seine Erfahrung. Er hatte viel mit Familien in tiefen Krisen gearbeitet, Familien von kranken oder verstorbenen Kindern.

Ich ging durch den Haupteingang, an der Apotheke und dem Café vorbei, über den langen Korridor, auf dem die frisch gemachten Betten bereitstanden. Vor den großen Glasfenstern befand sich ein labyrinthischer Garten mit kugelförmig getrimmten Büschen. Der Psychologe hatte sein Büro im ersten Stock der gynäkologischen Abteilung. Er war klein, muskulös und freundlich. An der Wand hing seine Fahrradkleidung wie ein geschlachtetes Tier. Bei einer der ersten Sitzungen sagte ich, wie wichtig es mir sei, dass die Leute von Edvin erfuhren, wer er ist oder war. Dass wir kein »Kind verloren« hatten oder »irgendetwas Schlimmes« geschehen war, sondern dass Edvin TOT war, unser Edvin, der einzigartige, strahlende Junge. Wenn ich darüber sprach, hielt ich die Hände wie Klauen vor mich und versuchte, etwas zu greifen. Ich sagte, es sei wichtig für mich, zu verstehen, wer Edvin war und wie er war, seinen Charakter und seine Persönlichkeit. Wenn ich in meinem Tagebuch las, fand ich viele Anzeichen von Selbstzweifel und Selbstverachtung bei ihm, oft gemischt mit anderen Gefühlen wie Stolz und Neugier. Zum Beispiel beim Konzert des Schulblasorchesters im Herbst 2019. Edvin war damals der Kleinste von allen.

Idun spielte solo, »Mummy's Home«, begleitet am Klavier. Ich war sehr stolz auf sie. Dann war das gesamte Orchester an der Reihe. Edvin saß neben den anderen Flötisten, die Querflöte auf dem Schoß. Als ich ihn ansah, streckte er den Daumen nach unten und verzog das Gesicht. Er hob die Flöte an den Mund und spielte ein paar Takte, doch dann war seine Partitur zu Ende, und er saß neben den anderen Musikern und ohrfeigte sich selbst. Es tat weh, ihn so zu sehen, und als ich endlich zu ihm gehen konnte, hob ich ihn auf den Schoß und drückte ihn an mich. »Ich bin so ein Idiot«, sagte er.

Später am Abend lag ich mit ihm in unserem Bett und besprach, was geschehen war. Seine kleine Pantomime auf der Bühne hatte eine Vorgeschichte. Er hatte nicht mit den anderen proben können, weil sie ihm nicht Bescheid gesagt hatten, dass sie während der Nachmittagsbetreuung üben wollten. Ich sah, dass er gespalten war. Einerseits hatte er trotzdem gespielt und es geschafft, andererseits fühlte er sich dumm und überflüssig. Die Schuld gab er sich selbst, nicht den anderen, die ihn nicht abgeholt hatten. Auch nicht der Betreuung oder uns, die von der Probe hätten wissen müssen.

Zu diesem Zeitpunkt fühlte er sich nicht so beliebt in der Schule. Keiner komme in der Pause zu ihm, sagte er. Ein Junge, mit dem er oft spielte, sei sehr beliebt, aber er nicht. Komisch, sagte er mit gespielter Gleichgültigkeit, dass ein so beliebter Klassenkamerad mit einem so unbeliebten Jungen wie ihm spielen wolle.

Wahrscheinlich hat er damals seine Theorie von den »Promis« und den »Armen« entwickelt.

Solche Situationen waren eine gute Übung für mich. Ich musste mich beherrschen, nicht gleich zu sagen, wie gut er sei und dass ich es geliebt hätte, sein Freund zu sein, wenn ich in seine Klasse ginge. Stattdessen hörte ich ihm zu und wartete ab. Dann sagte ich vorsichtig, dass viele sich unsicher fühlten, auch die Beliebten.

So waren die ersten Monate des ersten Schuljahrs, eine Mischung aus Annäherung und vorsichtigen Freundschaften, aus Unsicherheit und Unruhe. Im Kindergarten war Edvin so sicher gewesen. Dort hatte er seine Schwester, und als sie in die Schule kam, hatte er die anderen guten Freunde: Sindre, Storm und Salahudin. Er kannte die Angestellten, und sie kannten ihn. Manchmal war es ihm dort zu laut, dann durfte er mit ein oder zwei anderen in einem ruhigen Zimmer sitzen und malen oder ein Bilderbuch anschauen.

Im Lauf des Herbstes wurde es immer schwieriger, Edvin morgens ins Klassenzimmer zu bekommen. Ich redete ihm gut zu, und ein paarmal schob ich ihn fast ins Klassenzimmer, bevor ich mit einem dicken Kloß im Hals nach Hause ging. Zum ersten Mal wurde mir klar, dass ich nicht alle Probleme für meine Kinder lösen konnte. Ich konnte ihnen helfen und ihnen ein paar Werkzeuge mit auf den Weg geben, aber letztendlich musste ich mich darauf verlassen, dass sie allein in der Welt zurechtkamen. So war es auch, aber das brauchte Zeit.

Edvins Lehrerin Johanne tat ihr Bestes, damit er sich in der Klasse wohlfühlte. Sie schickte uns Bilder und Informationen, um zu zeigen, dass es ihm gut ging. Darunter das Bild, das nun am Schrank im Edvin-Zimmer hängt: Es ist Herbst, er und seine Klassenkameraden stehen mit Warnwesten auf dem Schulhof. Am Boden liegt haufenweise Espenlaub, und Edvin schaut nach oben und schüttet sich Laub auf den Kopf. Sein Gesicht ist fast ganz von

Blättern verdeckt. Auf einem anderen Bild trägt er seine Freundin Sunniva huckepack. Er sieht so froh aus.

Von Februar an ging er allein zur Schule und nach Hause. Wir schauten ihm in der Winterdunkelheit hinterher, die Reflexbänder an seinen Ärmeln leuchteten und sein Schulranzen wippte auf dem schmalen Rücken auf und ab. Er trug eine blau-grüne Winterjacke und eine gestreifte Mütze. Er lief sehr schnell, aber wenn er etwas Interessantes am Wegrand entdeckte, blieb er ruckartig stehen. Ich machte mir Sorgen, weil ich wusste, dass er manchmal ungeschickt und unvorsichtig war. Eines Tages, nachdem er früh im Dunkeln aufgebrochen war, stand er plötzlich wieder vor der Tür. Er hatte eiskalte Hände, die ich zwischen meine nahm und wärmte. Er sagte, ihm sei plötzlich schlecht geworden und er habe sich vor den Eingang der Nachmittagsbetreuung gesetzt. Hat dich jemand dort gesehen?, fragten wir. Nein, ich glaube nicht, sagte er. Er hatte knallrote Wangen und sah verwirrt aus. Du hättest in der Betreuung Bescheid sagen sollen, mahnte ich. Ja, aber dann hätten sie nur gesagt, dass ich dableiben soll, antwortete er.

Es geschah noch ein paar Mal, dass er wieder nach Hause kam. Einmal war er gegen eine der Säulen in der Unterführung geknallt, wo er immer auf der breiten Betonkante balancierte. Er fiel hin, lief heim, bekam Trost und rannte wieder zur Schule. Manchmal ging er allein, manchmal mit Jon, der weiter unten in unserer Straße wohnte. Er mochte Jon sehr. Wenn wir es erlaubt hätten, hätte er ihn und seinen kleinen Bruder Ole jeden Tag besucht. Jon wohnte direkt neben seiner Großmutter, und Edvin sagte oft, dass er auch so wohnen wolle, mit einer Oma als Nachbarin, die ihm Zimtschnecken backte.

Langsam verschwand seine Unsicherheit und er nahm

mehr Platz im Klassenzimmer ein. Er schaute nicht mehr regungslos zu, wenn die anderen zu Musik tanzten, sondern begann sich ebenfalls zu bewegen, immer freier.

Nach Edvins Tod sprachen wir mit seiner Lehrerin. Am Anfang hatte er meistens mit Brage gespielt, einem netten, ruhigen Jungen, der wie er die wilden Spiele nicht so mochte. Sie gründeten den Club »Naturjungen«, bei dem später auch Trym aus unserem Haus mitmachte. Ich musste Tryms und Brages Mütter fragen, was es eigentlich auf sich hatte mit dem Club. Die Jungen sammelten alle möglichen Dinge, die sie fanden, und dachten sich Geschichten über die Fundstücke aus, fast wie Archäologen. Es konnten Stöckchen, Steine, Metallstücke oder Ähnliches sein. Außerdem waren die Jungen streng gegen E-Roller.

Wir fragten, mit wem Edvin in der letzten Zeit an der Schule am meisten gespielt hatte. Johanne sagte, die ganze Klasse spiele sehr schön zusammen, eigentlich gebe es da kaum Präferenzen.

Auf einem Video, das sie mir zeigte, sitzen alle Jungen aus der Klasse in einem großen Baum, jeder auf seinem Ast, und stoßen laute und fröhliche Affenlaute aus.

In meinem digitalen Tagebuch suche ich nach möglichen Anzeichen, die auf Edvins Problem hindeuten könnten. Vielleicht hatten wir bestimmte Dinge vergessen oder nicht bemerkt? Während ich lese, fällt der Trauerkrug um, die Trauer ergießt sich über die Word-Datei und verdirbt die schönen Erinnerungen. Mir wird übel vom Lesen, von allem, was ich in den sieben Jahren seines Lebens schrieb, als ich keine Ahnung hatte, was geschehen würde. Idun, die Edvin vorsichtig den Schnuller in den Mund steckt und sagt, er sei ihr Baby. Der Besuch im Altenheim von Vinstra, wo meine Großeltern damals wohnten. Die missglückten Ausflüge und Wanderungen. Papas immer schlechter werdender Zustand. Das Gefühl, dass einem die Zeit durch die Finger rinnt. Ein Jahr nach Edvins Geburt hatte ich eine Operation. Ich beschrieb, wie ich im Überwachungszimmer lag und langsam aus der Narkose erwachte. Die Krankenpflegerin sagte, ich hätte im Schlaf gelächelt, worüber sie sich sehr gefreut habe. Ich wusste, warum. In dem seltsamen Zwischenzustand sah ich mich durch verschiedene Räume in einem großen Haus gehen, und dort saß Edvin auf dem Boden. Ich hob ihn auf und hielt ihn in den Armen, und der Traum war so wirklich, so physisch, als wäre er wirklich bei mir. Ich war so froh, weil ich ihn in den Armen hielt.

Manchmal, wenn ich besonders traurig bin, denke ich an diesen Narkosetraum, als ich den kleinen Edvin an mich drückte. In dem dösigen Zustand stand die Tür zwischen Kindheit und Erwachsenenleben weit offen, als befände ich mich in beiden Phasen auf einmal. Als könnte ich nach Belieben in meinem Leben umherlaufen, vor und zurück. Wenn ich ihn damals im Traum fest an mich drücken konnte, würde mir das vielleicht wieder gelingen, dachte ich in meiner Trauer. Aber damals lag er nur fünf Minuten vom Krankenhaus entfernt daheim in seinem Bettchen und schlief.

Mein Tagebuch hat ein viel besseres Gedächtnis als ich, und ich finde, wonach ich suche: mehrere Episoden, in denen Edvin mitten am Tag schlapp wird und einschläft. Nicht viele, im letzten Jahr vielleicht zwei, drei Mal. Zum Beispiel, als Corona sich über das Land legte. Am Tag, bevor die Schule schloss, ein Donnerstag, musste ich ihn vorzeitig abholen. Es ging ihm nicht gut. Ich habe ein Bild von ihm, das ich an diesem Tag an der Garderobe vorm Klassenzimmer gemacht habe. Da steht er in seiner blau-grünen Winterjacke und der gestreiften Mütze, mit dem Rücken zu mir und schaut zu den anderen, unwissend, dass der Schulalltag, wie sie ihn kannten, auf unbestimmte Zeit vorüber sein sollte.

Ein historischer Tag, dachte ich. Wenige Tage vorher hatte ich Bår gezwungen, in den Supermarkt zu fahren und einen Großeinkauf für uns zu tätigen. Nicht nur Lebensmittel, sondern auch Wasserkanister und Campinglichter. Ich wollte für alles gerüstet sein, nicht nur für eine medizinische Krise, sondern auch für einen bürgerkriegsähnlichen Zustand. Das hatte ich mir seit meiner Kindheit, als es an meinem Geburtsort Hochwasser gab, in Gedanken ausgemalt. Wir wussten nicht, was auf uns zukam, wie gefährlich Corona war und wie viele Menschen daran sterben würden. Und nicht zuletzt, wie die Menschen reagieren würden. Es war besser, auf der Hut zu sein.

Am Freitag schlossen die Schulen, und Idun und Edvin hatten den ersten Tag Distanzunterricht. An dem Tag und in der folgenden Woche war er angeschlagen. Er hatte Gliederschmerzen, war schlapp und erschöpft. Ich war auch ziemlich erkältet und hatte am Tag zuvor eine Reise nach Trondheim abgesagt.

Hat Edvin Corona?, fragte Idun. Bestimmt nicht, sagten wir, aber selbst wenn, Kinder kämen gut damit zurecht.

Ich ging ins Bad und weinte. Was, wenn er wirklich Corona hatte?

Oder, dachte ich nach seinem Tod, waren es vielleicht Symptome einer Gehirnblutung, die wir einfach übersehen hatten? War er deshalb mitten am Tag zu mir gekommen, hatte sich neben mich gelegt und war eingeschlafen? War er deshalb so verschwitzt gewesen, als er aufwachte?

Bei einem Telefongespräch mit meinem Hausarzt eine Woche nach Edvins Tod erzählte ich von meinen Schuldgefühlen, weil ich vielleicht Symptome übersehen hatte. Dass er im Sommer nicht ganz in Form war. Der Arzt sagte, ich hätte nichts falsch gemacht und hätte es unmöglich wissen können. Das wiederholte er mehrmals. Wahrscheinlich dachte er, er müsse es wiederholen, damit ich es begriff. Als ich ihn nach möglichen Vorzeichen fragte, nannte er »minor leaks«, die sich auf verschiedene Weise zeigen konnten. Als Idun und Edvin bei Bårs Eltern in Steinkjer waren, während wir die Wohnung renovierten, wurde ihm auf dem Spielplatz schlecht und er musste mit dem Auto heimgefahren werden, wo er eine Stunde lang auf dem Sofa schlief.

Das war kurz bevor ich von der Hütte nach Oslo zurückfuhr, zehn Tage vor seinem Tod. Oma Nanna rief an und erzählte es mir, und ich fragte mich, was ihm fehlen könnte. »Ich war diesen Sommer nicht ganz in Topform«, hatte er zu ihr gesagt. Das stimmt, sagte ich, er hat ab und zu mal über Unwohlsein und Kopfschmerzen geklagt.

Eine Stunde später bekam ich die Nachricht, Edvin sei aufgewacht und habe massenweise Pfannkuchen verdrückt.

Gut, dachte ich, er hat nur etwas Ordentliches zu essen gebraucht.

Jedes Kind ist mal in schlechter Form, und als ich hörte, dass er sich rasch erholt hatte, war ich beruhigt. Trotzdem war da etwas gewesen: Übelkeit, Kopfschmerzen, Schlappheit – war das eine Vorwarnung, eine Ader, die sich langsam erweiterte und durch den Druck Übelkeit oder Schmerzen hervorrief? Ich dachte, dass wir unbedingt Blutproben durchführen mussten, wenn wir wieder in Oslo waren. Ich dachte an Autoimmunerkrankungen, vielleicht etwas mit dem Magen, aber nicht mehr.

Ich beginne, mir Dinge einzubilden. Ich stelle mir vor, dass Edvin ganz plötzlich Kopfschmerzen bekommt und sagt, dass es dort wehtue, wo später die Blutung war, hinten links. Dass er fast genau an die Stelle hinter dem linken Ohr zeigt und mich intensiv ansieht. Dabei weiß ich, dass meine Fantasie mir etwas vormacht.

Bår sagt, manchmal denke er, wir hätten *eigentlich* gewusst, dass Edvin sterben würde. Ich sage, dass ich mir manchmal einbilde, Edvin selbst hätte irgendwie gewusst, dass er sterben würde, als hätte er etwas sehen können, das wir nicht sahen.

Die vielen Bilder vom letzten Sommer, auf denen er allein auf der Heide sitzt, ein Stück von uns entfernt, und in die Ferne schaut. Oder im Gras liegt und tut, als würde er schlafen. Als hätte er viel gegrübelt und schon begonnen, uns zu verlassen. Abseits vom Weg, im Grünen. Ich weiß selbst, dass der Gedanke irrational ist. Edvin war ein ganz normaler Junge aus Sagene, wie er selbst sagte. Er lebte, und dann starb er. Aber trotzdem. Wie er über den Tod redete. Sein Gefühl, dass er nicht immer zu uns gehörte. Dass er ständig die Grenzen austestete.

Oder wie er Tacos aß: Überfüllte Fladen mit reichlich scharfer Soße, die er in großen Portionen in den Mund stopfte. Er aß, als würde er nie wieder etwas bekommen, und wenn wir schimpften, weil er sich verschlucken konnte, freute er sich und stopfte noch mehr in den Mund. Er aß, wie er auf Bergtouren ging oder Anlauf nahm und ins eiskalte Wasser sprang: einer, der das Leben liebte. Er lebte, als hätte er es eilig gehabt, denke ich heute, als hätte er alles in seiner begrenzten Zeit aufnehmen müssen.

Doch all das ist reine Projektion. Edvin war einfach ein Junge, der den Augenblick genoss. Er freute sich auf seinen Geburtstag und liebte das Leben. Wir suchen nach neuen Mustern in der Vergangenheit, als wäre Edvins Schicksal von vornherein bestimmt gewesen. Als gäbe es keinen Zufall.

Mein Psychologe hätte es wohl so ausgedrückt: Wir denken uns Muster aus, um uns selbst zu beschützen. Sonst müssten wir akzeptieren, dass jederzeit alles geschehen kann – und das ist viel erschreckender.

Du machst immer dasselbe Gesicht, beschwerte sich Edvin bei Bår vor dem Sommer. Immer nur so, sagte er und ahmte ein steifes, ausdrucksloses Gesicht nach. Wir lachten, aber ich sah, dass Edvin einen wunden Punkt angesprochen hatte.

Nach Edvins Tod kamen auch Tränen hinzu, plötzlich und oft. Bårs neues Gesicht, mit Bart, feuchten Wangen und herabgezogenen Mundwinkeln. Seine Augen waren rot und hatten dunkle Ränder.

Man sieht ihm an, wie sehr ihn das mitnimmt, sagte meine Schwester. Bår wurde traurig, als ich ihm das erzählte. So einer wollte er nicht sein, und wir sollten auch nicht so eine Familie sein – eine, die ein Kind verloren hat.

Ein Gespräch zwischen Edvin, Idun und mir vor dem Sommer:

Ich will sterben, sagte Edvin.

Warum denn, Edvin?

Ich will wissen, wie das ist, tot zu sein.

Ich sagte, er müsse hierbleiben, denn wenn man tot sei, gebe es keinen Weg zurück.

Dann kommst du nach Nangijala, sagte Idun. Und da kriegst du eine schöne Frisur, weil da alle so schön sind!

Wir lachten, alle drei.

Edvin wollte sich die Haare wachsen lassen. Er wollte eine coole, schräge Stirnlocke haben, wie ein Junge aus seiner Klasse. Aber er hatte zu glattes Haar und bekam die Frisur nicht hin. Stattdessen hingen ihm die Haare über die Augenbrauen und verdeckten fast seine Augen.

Langes Haar, zerschlissene Jeans mit Löchern in den Knien, geerbte Jacke mit Löchern an den Ellbogen, abgelaufene Schuhe, die ich am Ende mit Klebeband reparierte. Bald stünde das Jugendamt an unserer Tür, weil wir unsere Kinder nicht ordentlich einkleiden, scherzte ich.

Wenn du nach Nangijala kommst, Edvin, kriegst du deine coole Stirnlocke.

Als Edvin aus kindlicher Neugier sagte, er wolle sterben, entgegnete ich, das Leben sei auf jeden Fall besser als der Tod, und zitierte ein Lied von Benny Andersen: »Das Leben ist nicht das Schlimmste, solange man etwas Kaffee hat.«

Edvin sagte also solche Sachen wie »Ich will sterben«. Aber er sagte es, nachdem er auf die Straße gerannt war und ich ihn am Kragen packen musste, um ihm klarzumachen, wie gefährlich das war. Oder wenn er einmal wieder in voller Fahrt mit dem Rad unterwegs war, ohne auf Fußgänger und Autos zu achten. Dann hielt ich ihn fest, sah ihm tief in die Augen und sagte: Wenn du so weitermachst, kann das ein schlimmes Ende nehmen. Dann sah er mich verwundert an. Es war klar, dass er noch nicht begriff, was der Tod bedeutete. Nur deshalb antwortete er: Ja, aber ich will doch sterben.

Wenn du stirbst, Edvin, ist es aus und vorbei, verstehst du?

Wir entschieden uns für eine Urnenbestattung.

Wir suchten ein Grab auf dem Nordre gravlund für Edvin aus, direkt gegenüber von dem Park mit dem Rasensprenger, wo die Kinder so gern spielten. Bår hätte die Asche am liebsten an irgendeinem Ort verstreut, der uns viel bedeutete, zum Beispiel auf dem Sukkertoppen im Kvamsfjell oder dem Hovdepiggen, wo wir oft hinwanderten. Schließlich stimmte er einem Grab zu, aber er geht selten dorthin.

Es gab vieles, woran wir uns gewöhnen mussten. Dass sein Körper nun Asche war, verbrannt in einem Ofen im Alfaset-Krematorium, bei dem Friedhof, auf dem deutsche Soldaten aus dem Zweiten Weltkrieg bestattet sind.

Ich konnte kaum begreifen, dass ich seinen herrlichen schlanken Körper nie wiedersehen konnte, aber die einzige Alternative war eine gewöhnliche Bestattung. Sein Körper in der Erde. Ich hätte ständig daran gedacht, wie er dort unten im Sarg lag, einsam und bleich. Ein fürchterlicher Gedanke.

Wie hätte Edvin sich entschieden? Er war ein kleiner Junge von sechs, fast sieben Jahren und verstand kaum, was der Tod war. Aber nun fällt mir ein, dass wir sogar darüber geredet haben. Im Sommer 2019 waren wir wie immer auf der Hütte. Wir waren mit Mama und Papa draußen und grillten. Die Kinder teilten sich eine Limonade, wir saßen beim Essen und sprachen über einen Artikel aus der Wochenendbeilage der Zeitung. Er handelte davon, wie sehr sich die Rituale um den Tod in letzter Zeit verändert hatten. Leute zu begraben, war Platzverschwendung und vielerorts gar nicht mehr möglich. Während ich dies schreibe, leben 7,8 Milliarden Menschen auf der Erde. Wir haben nicht genug Platz für alle Toten. Manche Hinterbliebene bewahren die DNA des Verstorbenen auf, zum Beispiel in einem Schmuckstück, oder sie lassen einen Diamanten aus der Asche herstellen. Wir waren uns alle einig, dass altmodische Beerdigungen Platzverschwendung und Kremation die sauberste Lösung sei. Papa bekam schlechte Laune, wie immer, wenn wir über den Tod sprachen. Edvin sagte, er wolle weder in einem Kasten liegen noch das andere – wie hieß es noch mal? Kremiert, sagte ich. Nein, er wollte auch nicht kremiert werden. Ich will ins Museum!, sagte er. Wir lachten herzlich. Wie kam er auf so etwas? Das ist nicht lustig, sagte Edvin. Papa stand auf. Er müsse schnell mal runter in den Ort, sagte er, um etwas für die Werkstatt zu besorgen.

Ich stelle mir vor, wie Edvin mit geradem Rücken und erhobenem Haupt, das wie eine Blume auf dem dünnen, langen Hals sitzt, am Eingang eines Museums Wache steht und dabei verschmitzt lächelt. Ich würde gern darüber lachen, aber wie meinem Vater wird mir übel davon.

Nur wenige Tage später räumte ich seine Kleider und Sachen auf. Ich musste es tun, weil sie zusammen mit Iduns Sachen in Kisten lagen. Ich sortierte die Kleider in Stapel – »viel gebraucht«, »wenig gebraucht, aufheben« und »nie gebraucht, fortgeben«. In seinem Notizbuch von der Schule waren nur ein paar Seiten beschrieben, der Rest war leer. Edvin hatte eine schöne, gleichmäßige Handschrift. Er lernte so gut wie allein lesen, bevor er in die Schule kam. Und plötzlich schrieb er seinen Namen selbst. Edvin. Der Name bedeutet *reicher Freund*, was er überhaupt nicht mochte. Vielleicht fand er es langweiliger als »Idun«, die Hüterin der goldenen Äpfel, die den Göttern ewige Jugend verliehen. Doch sein Name passte zu ihm. Ein reicher Freund ist einer, der seine Schätze nicht für sich behält, sondern anderen etwas abgibt, und das traf auf Edvin zu.

Ich durchsuchte die Taschen. In seiner blau-grünen Winterjacke, die Bår an beiden Ellbogen grob geflickt hatte, war eine Tasche mit kleinen Schätzen vollgestopft: Plastik- und Metallstücke, die er am Straßenrand gefunden hatte. Vielleicht hatte er für jedes der kleinen Teile seine Pläne gehabt, die sicher Draht und Klebeband benötigt hätten. Ich roch an seinen Kleidern, aber ich fand seinen Duft nicht. Nur die alten Schuhe, die ich schon mit Klebeband geflickt hatte, rochen noch ein bisschen nach Käsefüßen.

Den blauen Fahrradhelm konnte ich nicht weggeben, nicht einmal weglegen. Irgendwann fand ich ihn auf dem

Korridor wieder, zusammen mit anderen Dingen, die auf den Dachboden sollten. Den wolltest du doch nicht auf den Dachboden stecken?, fragte ich Bår. Doch, warum? Das geht nicht, sagte ich, nicht sein Helm. Ich dachte, das sei in Ordnung, da oben ist er ja nicht weit weg, sagte Bår.

Ich schüttelte den Kopf, wurde wütend und verzweifelt. Wir konnten seinen Helm nicht einfach wegpacken, das musste er doch verstehen! Auch sein neues Fahrrad haben wir nicht fortgegeben, es steht noch immer im Keller.

Irgendwann möblierten wir das Zimmer, das seines werden sollte und das wir heute Edvin-Zimmer nennen. Wir stellten das alte Holzbett hinein, ein Regal und einen alten Wäscheschrank, den wir von Gro ausgeliehen hatten. Darin bewahrte ich alle Sachen auf, von denen ich mich nicht trennen konnte: den Helm, die neuen Wanderstiefel vom letzten Sommer, in deren Sohlen noch der Schlamm von Kvamsfjell steckte, sein Lego in der unteren Schublade, Schulhefte und selbst gemalte Bilder sowie die Beileidskarten von der Trauerfeier. Die Stiefel verbrauchten viel Platz, sie waren außen schwarz und innen knallgelb.

Die Stiefel waren das Letzte, was ich ihm gekauft hatte. Am 28. Juli, einen Tag bevor die Kinder nach Steinkjer fuhren, fuhren wir mit dem Auto nach Vinstra, um Sonnencreme und Schuhe zu kaufen. Wir trafen Elisabeth und Inga Nella in einem Café. Wir gingen in den Europris und machten Bilder von Kaninchen- und Hamsterfutter, falls Bår nachgeben und ihnen erlauben würde, ein kleines Haustier zu halten. Edvin bekam ein Paar gelbe Fingerhandschuhe. Dann gingen wir in den Schuhladen, während Idun im Auto wartete. Edvin hüpfte in den Laden, fand ein Paar winzige Joggingschuhe, hielt sie hoch und sagte triumphierend: Die würden mir gut stehen, Mama!

Dasselbe sagte er der Verkäuferin. Nein, ich glaube, die sind dir *viel* zu groß, sagte ich, und Edvin lachte. Er sprang auf das Schaukelpferd, das dort stand, schaukelte wild hin und her und musste herbeigerufen werden, um die Wanderstiefel anzuprobieren. Es waren schöne, teure Stiefel. Und schwere. Er war von Größe 31 auf 35 gewachsen, und ich ärgerte mich über mich selbst. Hatte ich denn nicht mitbekommen, dass seine Füße gewachsen waren? Jedenfalls bekam er nun neue Stiefel, die er gleich anbehielt. Er sah zufrieden aus, als er aus dem Geschäft stapfte. Er trug Mamas weißes Käppi auf dem Kopf, signalgelbe Fingerhandschuhe, seine Lieblingsjeans und eine blaue Jacke mit einem Streifen auf der Vorderseite.

In den ersten Monaten hatte ich ein Problem mit meinem Kurzzeitgedächtnis. Ich öffnete den Kühlschrank und wusste nicht mehr, was ich haben wollte. Alles erforderte höchste Konzentration: wie man dies oder das richtig schrieb, wie man E-Mails verschickte und vieles mehr. Ein Mahlzeit zubereiten, war plötzlich eine große Aufgabe. Ich ging einkaufen und merkte, dass ich meine Bankkarte vergessen hatte. Ich versteckte mich hinter einem Regal und rief weinend Bår an, der sofort gelaufen kam und mir die Karte brachte.

Die Wohnung sah fürchterlich aus, überall standen ungeöffnete Kartons herum. Kleinere Dinge konnte ich erledigen, zum Beispiel Sachen umstellen, Kleider zusammenlegen oder das Geschirr spülen. Zwischendrin ging ich immer wieder ins Schlafzimmer und schlief mich von allem weg, mit den Stimmen und Geräuschen der anderen im Hintergrund. Auch Bår ertrug weniger als sonst, aber er arbeitete den lieben langen Tag. Er baute die Schränke fertig auf, machte Listen. Für ihn war es wichtig, Ordnung zu schaffen und alles am richtigen Ort zu haben. Wenn die Wohnung erst in Ordnung war, würde sich alles andere auch richten, dachte er vielleicht. In dem langen Schrank auf dem Korridor hängte er Behälter für kleine Sachen auf und schraubte Schlüsselhaken an die Unterseite. Die ganze Zeit suchte er nach unserer Kamera, die ich in Kvam dabeigehabt hatte und die auf mysteriöse Weise verschwunden war. Ist nicht so schlimm, sagte ich, ich habe ein Back-up von den meisten Bildern, die darauf waren. Aber er gab nicht auf, durchwühlte Schubladen und Schränke und fragte sich, misstrauisch wie immer, ob jemand sie vielleicht gestohlen hatte. Wann denn?, fragte ich, und wer? Bår war in jenen Tagen gleichzeitig konzentriert und zerstreut, und die ewige Suche nach der Kamera stimmte mich nachdenklich. Es kam mir fast pathologisch vor.

Schließlich, nach Wochen der vergeblichen Suche, rief uns Mama an und sagte, sie habe die Kamera in einer Schublade auf der Hütte gefunden. Bår war erleichtert, für ihn bedeutete es eine Sorge weniger.

Später am selben Tag erzählte er mir, dass er auf dem Dachboden gewesen war. Während er dort nach etwas anderem suchte, dachte er für wenige Sekunden, bevor die Vernunft wieder die Oberhand gewann: Wir haben die Kamera wiedergefunden, da könnte es doch auch sein, dass Edvin wieder auftaucht? Diese Augenblicke, die kleinen Hoffnungsschimmer, und dann: Ach nein, er ist ja tot.

Manchmal würde Bår am liebsten laut sagen: »Jetzt ist es nicht mehr lustig« und dass Edvin jetzt aus seinem Versteck kommen solle. Ich hatte dasselbe gedacht. Vielleicht kauerte er in dem großen Wäschekorb im Badezimmer. Vielleicht hatte er sich hinter eine geöffnete Tür geklemmt, schmal wie ein Strich, und grinste verschmitzt. Vielleicht saß er hoch oben auf einem der Schränke und wartete nur darauf, dass wir ihn fanden.

Soll ich dir einen Tipp geben? Versteck dich hoch oben. Keiner denkt daran, nach oben zu schauen.

Nachts geschieht es manchmal, dass er zu mir kommt. Eine Nacht im September, Edvin war lange fort gewesen. Im Traum war es ungewiss, ob er tot war oder nur abwesend. Er kam zurück zu uns, still und schön, mit einer perfekt sitzenden Stirnlocke. Auf einer Ebene warteten viele Kinder auf ihn. Er war vermisst worden, das konnte man sehen, er ging zu ihnen und begrüßte sie. Das Seltsame war, dass diese Kinder etwas jünger als Edvin waren, eher im Kindergartenalter. Ein dunkelhäutiges Mädchen hatte ihn besonders vermisst, er ging zu ihr und küsste sie zärtlich auf die Stirn. Wie ein Erwachsener mit einem Kind. Ein Kuss auf die Stirn. Irgendetwas an seinem Verhalten verriet mir, dass er nicht lange bleiben würde, sondern weitermusste.

Warum sind Kinder in Träumen so feierlich und wohlerzogen? Das passt doch nicht zu ihnen! In einem anderen Traum stand ich in einem Geschäft, und Edvin rannte an mir vorbei. »Zieh das Nachthemd an, hier geht es ab!«, rief er und verschwand hinter einem Regal. Das *war* Edvin, wie er leibt und lebt.

Am 17. September bekam ich eine Nachricht von Gro, die auf die Lofoten gereist war. Ein kurzes Video von einem Wäscheständer, auf dem Bettzeug und Handtücher im Wind flatterten. Sie schrieb, sie wohne in einem alten Leuchthaus mit Aussicht auf die Bergkette der Lofoten. In der ersten Nacht dort hatte sie einen Traum: »Es klopfte an die alte Tür. Da stand der kleine Edvin, grüßte und ging weiter.«

Ich erzählte Bår von ihrem Traum. Tränen liefen ihm über die Wangen.

Edvin hatte eine ganz eigene Art, Leute zu begrüßen, sagte Bår. Das stimmte, ich sah ihn deutlich vor mir: das strahlende, nach oben gewandte Gesicht, große Erwartung in den Augen und ein breites Lächeln. »Hei!«

Am Freitag, dem 13. März 2020, schlossen die Schulen in Oslo, und wir gingen zum Homeoffice über. Anderthalb Wochen später gingen wir einander bereits auf die Nerven. Ich wechselte mich schichtweise mit Bår ab. Einer half den Kindern beim Distanzunterricht, der andere benutzte die kleine Zweitwohnung von Bårs Eltern als Büro. Wenn ich dort »Abendschicht« hatte, schaute ich auf die Stadt und das dunkle Posthochhaus hinab, in dem fast alle Räume dunkel waren. Nur einige Fenster waren erleuchtet und formten zusammen ein Herz auf der Fassade. Nach anderthalb Wochen Isolation waren die Kinder schon so hibbelig, dass sie kaum bemerkten, wenn ich mit ihnen redete. Ich musste ihre Köpfe zu mir drehen oder laut in die Hände klatschen, damit sie mir zuhörten. Sie stritten und diskutierten miteinander, der Geräuschpegel machte mich verrückt. An diesem Tag schlug ich so laut mit der Hand gegen den Küchenschrank, dass sie zusammenzuckten und fast weinten. Es kam selten vor, dass ich so heftig reagierte.

Ich war nur selten wirklich wütend auf die Kinder. Das sage ich nicht, um mich zu loben, es ist einfach so. Bår konnte ziemlich wütend werden, und ich war manchmal sauer auf ihn, aber fast nie auf die Kinder. Ich verstand sie und lebte mich in ihre Gefühle ein, manchmal vielleicht zu sehr. Wenn ich einmal die Nase voll hatte und sie anschrie, sahen sie mich verschreckt an und versteckten sich.

Das Einzige, was gegen eine so miese Stimmung half, war ein Ausflug in den Wald. Ich setzte die Kinder in das E-Lastenrad und fuhr hinauf zum Brekkeskogen, der drei Kilometer von unserer Wohnung entfernt Richtung Maridalen liegt. Sobald sie vor mir auf der Lastenfläche saßen, änderte sich die Stimmung. Sie sangen selbst erfundene Lieder und dachten sich Geschichten aus, in denen Superkräfte aller Art die Handlung bestimmten. Hinein in den Wald, direkt zur Feuerstelle, die die Kinder so mochten. Wir sammelten Holz, ich nahm Grillanzünder zur Hilfe, und wir machten ein kleines Lagefeuer. Als es schön brannte, holten wir Würstchen aus dem Rucksack und hielten sie mit Spießen ans Feuer.

Während wir dort saßen, dämmerte es. Ein Wind kam auf, die Dunkelheit wurde immer dichter, und die Kinder saßen zu nah am Feuer. Sie stocherten in der Glut, bis die Funken flogen. Ich bat sie aufzuhören, aber es war, als wäre ich nicht da, sie hörten nicht auf mich. Ich war völlig verunsichert. War es richtig, bei diesem Wind ein Feuer zu machen? Was dachten die wenigen Leute, die wir mit Abstand unterwegs gesehen hatten, meist Hundebesitzer und Jogger? Ich befürchtete, jemand würde sich beschweren. Kurz bevor wir aufgebrochen waren, hatte ich eine Mail von einem meiner Chefs bekommen, in der stand, dass der Buchmarkt so gut wie stagniert sei. Ich hatte Angst, dass es zu Entlassungen kommen würde und wir Projekte canceln mussten. Canceln, was für ein schreckliches Wort. Ich hatte Angst um die Schriftsteller und um die Kultur. Um die Amerikaner mit ihrem verrückten Präsidenten. Ich hatte Angst um die Frauen und die Gleichstellung. Angst vor der Macht Chinas. Angst um meinen Vater, dessen Immunsystem nach der Nierenoperation geschwächt war und den sie kurz vor Corona ins Krankenhaus von Lillehammer eingewiesen hatten, weil es ihm so schlecht ging. Unsere Nachbarn hatten bereits batteriebetriebene

Lampen für die ganze Wohnung besorgt. Freunde von uns arbeiteten für die Elektrizitätswerke und machten sich Sorgen um das Stromnetz.

Plötzlich bemerkte ich, dass ich Edvin seit einer Weile nicht mehr gesehen hatte. Die Wipfel der Tannen schwankten im Wind. Es knackte in den Ästen, das Feuer knisterte und warf rotes Licht auf die Bäume. Ich ging ein Stück in den Wald und rief nach ihm. Er verschwand oft ohne Vorwarnung und lief allein herum, bis er es für gut befand umzudrehen. Ich rief, hörte aber nichts als das Brausen des Windes in den Bäumen und das Knistern des Feuers. Es wurde immer dunkler, Idun saß allein am Feuer, ich wollte auch nicht zu weit von ihr weggehen.

Edvin!, rief ich mehrere Male. Vielleicht war er in ein Loch gefallen und kam nicht allein heraus? Keine Antwort, nur die Geräusche des Waldes.

Dann war er plötzlich wieder da, kam unbekümmert mit roten Wangen auf mich zu, die Arme voller Zweige und Moos, die wir für die Osterdekoration benutzen sollten.

Edvin, ich muss wissen, wohin du gehst! Ich muss dich sehen.

Tschuldigung, Mama, sagte er verständnislos. Weiter fröhlich, weiter unbekümmert.

Wir fuhren noch oft in den Brekkeskogen. Wir waren schlechte Wanderer, wollten nur Feuer machen, Würstchen und Marshmallows grillen und dann wieder heimfahren. Eines Morgens wachte Idun auf und sagte, sie habe vom Wald geträumt. Es war Anfang April. Bisher waren in Norwegen 62 Menschen an Corona gestorben. Ich hatte Albträume von der Zukunft der Verlagsbranche. Ich träumte, dass ich Manuskripte redigierte und der Text wie Teig zwischen meinen Fingern klebte. Dass ich nicht schnell oder gut genug arbeitete.

So oft wir konnten, gingen wir in den Wald. Die Kinder liefen herum und schlugen mit Stöcken. Sie spielten, es sei Krieg. Nie den Rücken zudrehen, sagte Idun. Mama hat gesagt, Stöcke sind die besten Waffen, rief Edvin. Wir haben keine Mama und keinen Papa, antwortete Idun, wir sind Waisenkinder.

Einmal, als wir aus dem Wald zurückkamen, baten sie mich, von der Pest zu erzählen. Ich erzählte die Geschichte der Jostedalsrypa. Sie begann damit, dass eine Kuhherde ins Gudbrandsdal zog. Die Leute wussten, woher die Tiere kamen, und dachten, es stünde schlimm auf der anderen Seite der Berge im Jostedal. Sie gingen hinüber, um nachzusehen. Kein Rauch kam aus den Schornsteinen, und alle waren tot. Viele waren nicht einmal begraben. Dann entdeckten sie Spuren im Schnee. Ein kleines Mädchen verschwand im Wald, als sie sie erblickte. Sie fingen sie ein. Was haben sie mit ihr gemacht, fragten die Kinder. Sie versuchten, sie zum Reden zu bringen, sagte ich, aber sie hatte die Sprache verloren. Was bedeutet das?, fragte Edvin. Ich schüttelte den Kopf. Es hieß, dass ihr Federn am Körper wuchsen. Sie hatte mehrere Jahre lang allein überlebt und war menschenscheu geworden. Ihre Mutter soll sie in ein Federbett gelegt haben, bevor sie starb. Sie legte dem Mädchen auch Essen ins Bett, damit sie nicht verhungerte. Das Mädchen war die einzige Überlebende. Alle anderen waren gestorben?, fragte Idun. Ich nickte. In diesem Moment kam Bår herein. Er sagte, dass im Jostedal Spuren von Landwirtschaft aus der Zeit des Schwarzen Todes gefunden wurden. Ganz allein konnte sie also nicht gewesen sein.

Stimmt das, Mama? Die Kinder waren enttäuscht.

Danke, dass du es verdorben hast, sagte ich zu Bår.

Am nächsten Tag spielten wir, dass die Kinder ein Federkleid hätten und durch das Zimmer schwebten. Sie hatten Tannenzweige aus dem Wald mitgebracht, die als Federn dienten.

Wir haben keine Eltern, sagten sie. Alle Erwachsenen sind tot.

Draußen wurde es allmählich grün. Das Licht breitete sich über die Abende aus. Wir säten Tomaten und Paprika in Töpfen aus und stellten sie auf die Fensterbank. Wie bei vielen anderem, was wir uns vornahmen, war das Ergebnis eher mittelmäßig. Hohe, viel zu dünne Stängel, bleiche kleine Blätter.

Wir wollen heute dreimal fernsehen, sagte Edvin. Aber es muss kein ganzer Film sein.

Ich muss anfangen, ihnen sofort Frühstück zu machen, wenn sie aufwachen, dachte ich. Und weniger Fernsehen.

Über dem Coronafrühling von 2020 liegt ein unwirkliches Licht. Die vielen Ausflüge in den Wald, das Rauschen in den Baumwipfeln, das golden und rot knisternde Feuer, gegrillte Marshmallows und Edvin, der zwischen den Bäumen verschwand. Verschwand und wieder auftauchte, so fröhlich wie vorher, mit Zweigen in den Haaren und Wangen so rot wie Preiselbeeren. Er hatte keine Angst im Wald und keine Angst vor der Dunkelheit, denke ich. Ich sehe ihn vor mir, zwischen den Bäumen, leicht und unbekümmert.

Sieben Winter und sechs Sommer. Heidekraut und Moos, Steine und Holz und Flammen. Der Name, der vom Regen fortgespült wird. Fußabdrücke im Schlamm, die fortgespült werden.

Als wir verzweifelt am Krankenhausbett saßen und Edvin mit friedlichem Gesichtsausdruck dort liegen sahen. Oder als der Hubschrauber landete und er zum letzten Mal atmete. Oder noch früher. Irgendwann hörte Edvins Unruhe auf, und das, was er gewesen war, verließ seinen Körper. Nennen wir es Seele. Edvins Seele verließ seinen Körper. Vielleicht ging er in den Wald, den er so gut kannte. Ich sehe ihn vor mir. Strickpullover, kurze Jeans. Sein Haar. Er hat keine Angst, ist ganz ruhig. Er geht in den Wald, und der Wald nimmt ihn auf. Das Grün breitet sich über ihn. Irgendwo dort ist sein hübsches Gesicht, aber ich sehe ihn nicht.

Oh, Edvin.
Wenn du uns jetzt sehen könntest.

Wie viele Tränen wir um dich geweint haben. Wie viele Menschen um dich geweint haben.

Was passiert, wenn ich sterbe?, hast du manchmal gefragt.

Dann wären wir sehr, sehr traurig, ganz lange, sagte ich dann.

Idun ist sehr, sehr traurig.

Bår ist sehr, sehr traurig. Er hat ein anderes Gesicht, über dem ein Schatten hängt. Er ist wütend, weil der Tod dich genommen hat.

Deine Großeltern sind traurig. Deine Cousins und Cousinen, Onkel und Tanten. Die Kinder aus deiner Klasse. Deine Lehrerin Johanne hat um dich geweint. Sie vermisst deinen Humor, den nur sie verstand. Dein Opa, von dem du die blauen Augen hast, hat seinen besten Freund verloren. Es graust ihm vorm Einschlafen, weil dann die schlimmen Träume kommen.

Sindre hat zu seiner Mama gesagt, dass die Welt kleiner geworden ist, seit du gestorben bist. Er ist sauer auf dein Gehirn, das seine Aufgabe nicht ordentlich erledigt hat.

Deine Freundin meint, dass du noch immer irgendwo in den Gängen der Schule bist.

Ein anderer Freund will wissen, was du jetzt tust, ob du Computerspiele spielst oder vielleicht kletterst. Er findet, du hast schon viel zu lange geschlafen.

Dein Freund aus unserer Straße bückt sich zu deinem Grabstein und flüstert: *Ich hab dich lieb.*

Die Leute haben innegehalten und geweint, Edvin. Sie haben ihre Arbeit niedergelegt und sind nach Hause gegangen.

Die Neuigkeit ging um. Jemandes Sohn ist gestorben, aber wer? Manche, die es hörten, konnten es einfach nicht glauben und riefen andere an, um sicher zu sein. Ist es wirklich wahr, dass Edvin gestorben ist?

Die Nachbarn haben um dich geweint. An dem Freitag, als wir uns auf der Trauerfeier von dir verabschiedeten, weinte der Himmel über Sagene um dich. Er strömte auf uns herab, als wir vor der Kirche standen und den schwarzen Cadillac mit deinem Sarg hinterherschauten.

Was würdest du sagen, wenn du uns jetzt sehen könntest?

Es war fast sieben Uhr abends am Tag der Trauerfeier. Es regnete, ein gleichmäßiges leises Rauschen. Ich war eingenickt, und der Regen ging in die Träume ein. Ich sah Edvin auf einer Wiese im Regen stehen, ein Stück entfernt. Sein Gesicht war verkniffen, als wäre er verzweifelt oder traurig. Oder konstruierte ich das? War er traurig oder eher froh? Es sah aus, als stünde er absichtlich im Regen, vielleicht freute er sich sogar darüber.

Ich wachte ruckartig auf. Er war weit weg von mir. War er traurig, weil er allein dort stand? Edvin mochte den Regen, er ging oft in Gummistiefeln nach draußen und war glücklich. Oder war er unglücklich, weil wir weggegangen waren? Ein Teil von mir wollte sich auf seinen Sarg legen und zusammen mit ihm kremiert werden. Zu Asche verbrennen. Nach der Trauerfeier war ich ruhig, aber kann man das Ruhe nennen? Die tiefe Wunde in mir. Vielleicht kann ich es sehen, wie ich es will?, dachte ich. Dann würde ich entscheiden, dass er im Regen glücklich war.

Die Hütte ist von Wiesen umgeben. Edvin liebte es, draußen zu sein. Er liebte den Regen, und oft wollte er am liebsten draußen bleiben, wenn wir uns nach drinnen verzogen. Er grub mit einem Stock am Wegrand, sammelte Steine und Zweige auf, spürte, wie das Wasser in seine Schuhe lief, und machte sich nichts draus. Fühlte er sich einsam in meinem Traumbild? Sah er, dass wir weggingen? Oder war er mit sich selbst zufrieden, streckte das Gesicht in den Regen und genoss ihn?

Das war mein Traum. Vielleicht durfte ich selbst entscheiden, welche Version von Edvin ich mit mir nehmen wollte, den fröhlichen, der die Natur genießt, oder den verzweifelten, einsamen Jungen.

Ich erinnere mich an einen Abend auf der Hütte letzten Sommer. Ich war frustriert und wollte eine Runde mit Aila joggen, Mamas und Papas Hund. Meine Eltern waren da, sie konnten auf die Kinder aufpassen. Aber die Kinder ließen mich nicht gehen. Erst wollten beide mit mir joggen. Ich will aber schnell laufen!, sagte ich. Ja, das wollten sie auch, sagten sie, kein Problem. Ich brauche ein bisschen Zeit für mich, ich bin jeden Tag von morgens bis abends mit euch zusammen, sagte ich.

Am Ende ging Idun zurück zur Hütte, weil sie Aila mitnehmen durfte. Edvin war daheimgeblieben, wenn auch nur widerwillig. Er stand mit einem Schmollmund da und schaute mir hinterher. Ich lief eine kleine Runde, durch den Wald bis zu der alten Grube, wo die meisten Anzeichen der früheren Grubenarbeit verschwunden waren. Die alten Gänge erstreckten sich bis unter den See Årvillingen, wo wir im Sommer oft badeten. Mein Urgroßvater arbeitete in der Mühle von Kvam, und nachdem er von dem vielen Staub die Lungenkrankheit Silikose bekommen hatte, wurde er versetzt und transportierte Speckstein von der Grube zur Mühle. Wenn ich hier entlanggehe, stelle ich mir einen Lastwagen mit dem attraktiven alten Mann am Steuer vor. Oft nahm er Leute aus den Hütten mit. Wer keinen Platz mehr im Führerhaus bekam, durfte auf der Ladefläche sitzen. Ich joggte weiter an der Stromleitung entlang, mit Blick auf das Bergmassiv von Rondane. Dann nahm ich den Schotterweg, der zur Hütte zurückführte. Dort saß Edvin wie ein Vogel auf der Stange vor der Tür und wartete auf mich. Sobald er mich sah, sprang er auf und rannte mir entgegen. Oh, Edvin, hast du die ganze Zeit hier gesessen und gewartet? Weiß Oma, wo du bist?, fragte ich. Sein Kinn zitterte, er weinte fast, ich nahm ihn in die Arme und trug ihn das letzte Stück, als wäre er noch ein Kleinkind. Eine halbe Stunde hatte er dort gesessen, ganz still.

Ich sprach mit dem Psychologen über meinen Traum. Über Edvin auf der Wiese im Regen. Seinen verzweifelten Blick, als frage er sich, was wir ihm angetan hatten.

Ich weiß nicht, sagte der Psychologe, aber sind Sie sicher, dass Edvin einsam und verzweifelt ist, oder ist das Ihre Trauer, die in den Traum einfließt? Er sagte dies sehr behutsam, obwohl wir im Grunde beide wussten, dass der Traum nicht Edvins, sondern meine Verzweiflung ausdrückte. Es war Ende August, Edvin war erst seit etwas über zwei Wochen tot. Ich war verwirrt, zerschmettert und doch gezwungen, das schier Unmögliche zu tun, nämlich weiterzugehen. Er war *dort*, wir waren *hier*, wir hatten keine Wahl, genauso wenig wie vor gut zwei Wochen in der Uniklinik. Auch dort mussten wir irgendwann nach Hause gehen und Edvin in dem Krankenhausbett liegen lassen.

Zu diesem Zeitpunkt war es unmöglich für mich zu begreifen, dass Edvin nicht mehr mit einem Willen und einer Kraft existierte. Ich drehte mich immer wieder nach ihm um und versuchte, ihn anzufassen. Und als Edvin im Regen stand, wollte er mich da anfassen?

Bei einer späteren Sitzung fragte ich, ob es vielleicht so sei, dass ich mir selbst eine Version aussuchen durfte. Dass ich versuchte, den Edvin zu sehen, der den Regen liebte und nichts dagegen hatte, draußen allein zu sein. Der Psychologe hörte die meiste Zeit zu und sagte wenig. Dann erzählte ich von der Joggingrunde und wie Edvin und ich uns wieder vertrugen. Ich sagte, dass jede Erinnerung an solch traurige Momente schmerzte, ich mich aber zwang, an die vielen Male zu denken, als alles gut ging und ich Edvin trösten konnte. Das freue ihn sehr, sagte der Psychologe. Es zeige, dass meine Denkweise nicht festgefahren sei. Wir sprachen darüber, dass wir alles, was an der Trauer einen Sinn habe, selbst erschufen. Sinnfindung ist harte Arbeit, nichts kommt von selbst.

In dem autobiografischen Roman *Eine vollkommene Leidenschaft* schreibt Annie Ernaux, dass alles, was aus einem Buch kommen soll, zuerst vom Autor hineingesteckt werden muss. Auch hier kommt nichts von selbst. Trauer ist eine Arbeit, genau wie es eine Arbeit ist, eine Erzählung zu konstruieren. Sinnstiftung ist eine Arbeit. Wir mussten uns eine Erzählung ausdenken, mit der wir leben konnten. Alles musste von uns selbst konstruiert werden. Darüber dachte ich viel nach, denn wie konnte der Sinn von uns kommen?

Es gab auch keine Abkürzung, wir mussten da durch. Ich musste daran glauben, dass es auf der anderen Seite etwas gab, auch wenn ich es nicht immer schaffte, weil wir in dem zähen grauen Schlamm steckten, zu dem sich die Trauer allmählich entwickelte.

Gnade ist das Gegenteil von dem, was Annie Ernaux beschreibt, denn sie kommt von außen.

Gab es überhaupt Gnade für Leute wie uns, die an nichts glaubten?

Wenn ja, woher sollte sie kommen?

Freitag, der 10. Oktober, war ein verregneter Tag. Wir saßen am Küchentisch und sahen die Tropfen am Fenster hinablaufen. Ich las Astrid Lindgrens *Mio, mein Mio* für Idun vor. Wir waren schon fast am Ende. Mio hatte den bösen Ritter Kato getötet, und die verhexten Kinder, die als unglückliche Vögel herumflogen, waren wieder sie selbst. Alle bis auf die kleine Milimani, die tot am Strand lag, weil sie gegen eine Fackel geflogen war. Sie lag dort tot, und die anderen trauerten. Mio breitete einen mit Märchengewebe gefüllten Mantel über sie aus, dessen Stoff Milimanis Mutter gewebt hatte. Idun saß dicht neben mir und hörte konzentriert zu. In Iduns Zimmer montierte Bår zusammen mit einem Nachbarn Möbel. »Da geschah etwas Seltsames. Milimani schlug die Augen auf und sah mich an. Zuerst lag sie still und sah mich nur an. Dann richtete sie sich auf und schaute all die Kinder an und war sehr erstaunt. Dann sah sie sich weiter um und sah noch erstaunter aus. ›Wie blau der See ist‹, sagte sie. Mehr sagte sie nicht. Dann streifte sie den Mantel ab und stand auf, und es waren keine Male von Feuer mehr an ihr zu sehen, und alle waren wir glücklich, weil sie wieder lebendig geworden war.«

Ich weinte, während ich las. Alle Kinder kehrten heim in ihr Dorf, in dem lange Zeit nur trauernde Eltern gewohnt hatten. »Aus allen kleinen Häusern und Hütten kamen sie herbeigelaufen, alle, die um die geraubten Kinder getrauert und geklagt hatten. Und nun sahen sie sie auf den weißen Pferden kommen und keines der Kinder fehlte – alle waren sie heimgekehrt.«

Was für ein zerbrechlicher, schwieriger Tag. Idun saß mit dem neuen Gesichtsausdruck da, der immer kam, wenn ich außer mir war. Sie tröstete mich. So einen Märchenmantel wie Mios hätten wir alle gebrauchen können. Wir hätten es alle gebrauchen können, dass Edvin aufwachte und sich erstaunt umsah. Die Uhr an der Wand sagte mir, dass ich mich beeilen musste, wenn ich später wie geplant mit Idun ins Kino gehen wollte. Vorher wollte ich noch eine Küchenlampe umtauschen. Ich zog Regenjacke und Regenhose an und stieg auf das E-Bike. In dem großen Kreisverkehr am Nationaltheater rutschte das Vorderrad auf dem nassen Pflaster zur Seite und ich kippte um. Ich richtete das Fahrrad auf, schob es von der Straße und stand heulend im Regen. Ich wusste nicht mehr weiter. Der Sturz hatte mich zurück in den Schock katapultiert, in den Teil meines Gehirns, wo Edvins Tod lag. In jenen rauen, schrecklichen Tag. Ich kauerte mich auf den Gehweg. Ein paar Leute gingen regungslos vorbei. Von der Stelle, wo ich saß, blickte ich direkt hinab auf die Vikaterrassen, auf das Gebäude, in dem ich vor Edvins Zeit gearbeitet hatte. Drei Tage nachdem ich den Job gekündigt hatte, erfuhr ich, dass ich schwanger war. Der Regen durchnässte mein Haar und lief mir in den Kragen. Ich konnte nicht mehr. Ich rief Bår an, und er sagte, sie würden mich holen. Dann rief ich Elisabeth an. Ich halte es nicht mehr aus, sagte ich mehrmals, und sie antwortete, dass es ja auch kaum auszuhalten sei. »Kein Wunder, dass es dir so geht«, sagte sie und wünschte, sie könnte in diesem Moment bei mir sein. Sie sagte, es sei gut, dass ich sie anrief, und dass sie mich liebe.

Und wie geht es dir?, fragte ich, nachdem ich mich ein bisschen beruhigt hatte. Auf und ab, wie bei dir, sagte sie mit weinerlicher Stimme. Aber ich mache ja nur ein Hundertstel von dem durch, was du erlebst. Nein, sagte ich, so groß ist der Unterschied nicht.

Dann kamen sie mit dem Auto des Nachbarn, der am Steuer saß. Bår saß neben ihm, Idun auf dem Rücksitz. Bår nahm das Fahrrad, ich setzte mich zu Idun. Sie hielt meine Hand. Ihr Gesicht, so klein und strahlend. Im Rückspiegel sah ich, dass unserem Nachbarn Tränen über die Wangen liefen.

Die zittrige Unruhe, der schmerzende Klumpen im Bauch, der mich die ganze Zeit daran erinnerte, dass etwas nicht stimmte – eigentlich gab es nur eins, was dagegen half: dass wir Menschen um uns hatten, dass gute Menschen bei uns waren, dass Bår an meiner Seite war, dass ich jederzeit meine Schwester anrufen konnte, egal wie niedergeschlagen ich war.

Wie, als plötzlich der Tag kam: sechs Monate nach seinem Tod. Ich fühlte mich unwohl und mir war übel, weshalb ich nach draußen ging. Die Wohnung konnte bisweilen zu einem Gefängnis werden. Dort rann die Trauer die Wände herab. Ich joggte zu Edvins Grab, dann joggte ich weiter, joggte und weinte, weinte und joggte. Auf dem Weg zum Akerselv hinab rang ich nach Luft. Im Mor Godhjertas vei kauerte ich mich neben einen Stein und rief Elisabeth an. Im Hintergrund klapperten Kaffeetassen, und ich hörte Mamas Stimme. Ich konnte nur ins Telefon heulen. Sechs

Monate. Sechs Monate lang war ich durch Sagene gejoggt und an etlichen Stellen zusammengebrochen. Die Dunkelheit beschützte mich. Wenn ich ganz unten war, fiel kein Licht mehr auf mich. Keine magischen Worte. Kein kluges Geschöpf bedeckte mich mit seinen Flügeln.

Seit einem halben Jahr lebten Bår und ich ohne unseren Sohn und Idun ohne ihren Bruder. Sechs Monate, wie viel Zeit ist das in Nangijala? Elisabeth redete mir gut zu. Sie könne nicht mehr froh werden, solange ich nicht mehr froh war, sagte sie. Wie wir das aushalten sollten, wusste ich nicht, nur dass wir keine andere Wahl hatten. Die saure Milch gehörte zur Trauer, aber es war dieselbe Milch, die Idun zum Frühstück trank. Wir konnten nicht außen herum gehen, es gab keinen Schleichweg für uns. Dies war unser Leben. All dies mussten wir akzeptieren.

In religiösem Verständnis ist die Gnade Gottes Güte und Barmherzigkeit. Gott hat seinen Sohn Jesus geopfert. Indem er seinen Sohn sterben ließ, erwies er den Menschen Gnade. Er erließ uns unsere verdiente Strafe. Das Wort ist über das Niederdeutsche in unsere Sprache gelangt. Auf Altnordisch heißt es *náð*: Frieden, Ruhe, Gnade, Letzteres auch in der Bedeutung Gnade von Gott.

Können wir, die wir keinen Gott haben, denn auch Gnade erfahren? Edvins Tod machte uns einsam und verletzlich. Uns fehlte ein fester Anker, der größer war als wir selbst; wir hatten keinen Gott, auf den wir uns stützen oder auf den wir wütend sein konnten.

Ich suchte nach etwas Linderndem, das zu uns kommen würde, wo wir standen, zerstört in einer zerstörten Landschaft. Manchmal trat eine solche Linderung ein, wenn wir mit anderen über unsere Trauer redeten und sie uns in die Augen schauten, zuhörten und mitfühlten. Zumindest nahm dies ein Stück des Schreckens von mir. Ich sah förmlich, wie unsere Worte einsickerten und von unseren Gesprächspartnern aufgenommen wurden. Edvins Verlust zu teilen war wie ein weißer Verband auf einem verletzten Körperteil. Gnade, das waren auch die Momente, in denen ich in der Küche stand, Gemüse schnitt und einen Podcast hörte, während die Stimmen und Töne der anderen im Hintergrund summten? Bår, der Regale aufstellte, Idun, die mit einer Nachbarin sprach, und ich, die mit einer Flasche Bier vor mich hin kochte und mich tatsächlich aufs Essen freute. Das war während Corona, als wir in Oslo, dem Epizentrum der Krankheit, maximal zwei Menschen zu Besuch empfangen durften.

Wie unnatürlich diese Form der Einsamkeit war. Es war geradezu wider die Natur, nur zu dritt zu sein. Kein Besuch von der Familie, kaum jemand, der zur Tür hereinkam, außer Tone und Andreas, die wir unsere Kohorte nannten. Tone kam mit ihrem starken Kaffee und verlangte selbst nichts von uns. Andreas, den Idun kennt, seit sie beide ein Baby waren, und der mit ihr in den Kindergarten und auf die Grundschule ging.

Nie habe ich mehr gefühlt, wie notwendig die Herde ist, sei sie groß oder klein.

Auch in der Sonne, die unsere Gesichter wärmte, lag eine gewisse Gnade. Es war ihr völlig egal, wer wir waren und was wir durchmachten, sie hatte schon viele vor uns gewärmt: Menschen und Tiere und Pflanzen und Steine. Das Gefühl der Sonne auf dem Gesicht, der Anblick der Wellen an einem Strand. Es war, als trüge Edvins Tod etliche Schichten von Distanz von mir ab und versetzte mich in einen Zustand, in dem ich ein Teil der Natur war. So war es in meiner Kindheit, als wir dicht am Wald, am Fluss und an den Geheimnissen der Berge wohnten. Dann verschwand er, um in bestimmten Augenblicken wiederzukommen, zum Beispiel als die Kinder klein waren und ich die Welt mit ihren Augen sah. Ein Gefühl, dass wir uns in Wassertropfen auf Blättern spiegeln können, in den Sternbildern am Himmel oder in einer grauen Pfütze. Neulich auf dem Weg zur Arbeit sah ich etwas Ähnliches. Die Blätter waren schon von den Bäumen gefallen, nur einzelne hingen noch, der Boden war grau, die Sonne glitzerte auf dem Akerselv. Ich passierte ein kleines Schulmädchen, das ganz langsam ging. Sie schaute sich um, als wäre sie vollkommen entzückt, verliebt in das Licht und alles, was sich in den Bäumen bewegte, in die Katze, die unter die Brücke sprang. Das Mädchen war noch in jenem verzauberten Zustand, der Welt ergeben und eine Schöpferin der Welt, wie Ida mit ihrem Sommerlied.

Auf einem Regal über unserem Bett steht unser Hochzeitsbild, und in den Rahmen habe ich ein Passfoto von meiner Schwester und mir gesteckt. Unsere Köpfe sind eng beieinander, meine Hand ruht auf ihrem schwarzen Pullover. Wir haben beide kurzes Haar, sehen uns ähnlich. Ich bin neunzehn, sie ist zwanzig. Wir lachen in die Kamera.

Elisabeth ist ein Jahr und drei Monate älter als ich. Wir haben uns lange ein Etagenbett geteilt. Oft lagen wir bis zum Einschlafen nebeneinander und redeten oder streichelten uns den Rücken, doch sobald das Tageslicht kam, wurden die Messer gewetzt. Unsere Kindheit war größtenteils ein Kampf. Wir stritten, bis eine von uns Nasenbluten oder der anderen ein Büschel Haare ausgerissen hatte. Ich war die Schwächere und weinte oft vor Wut. Wenn die Tränen kamen, oder sogar Blut und Tränen, bereute Elisabeth, was sie getan hatte. »Sag Mama bitte nichts!« Plötzlich hatte ich Macht.

Dann wurden wir erwachsen. Ich verließ den Ort, zog erst nach Lillehammer, später nach Trondheim und noch weiter weg. Manchmal ging es mir nicht gut, ich war einsam, vermisste die Kindheit, manchmal war ich unglücklich verliebt. Dann rief ich Elisabeth an, die mit Morten zusammengezogen war und im Alter von 23 ihr erstes Kind bekam: Kasper. Danach kam Sigve und schließlich Inga Nella. Ich rief sie an, aus Telefonzellen im Ausland oder mit dem Handy. Oft waren die Kinder im Hintergrund zu hören oder sie musste wegen irgendeiner Krise oder eines zu schlichtenden Streits auflegen. Wir führten vollkommen unterschiedliche Leben. Ich brauchte mich nur um mich selbst zu kümmern. Sie hatte drei Kinder und einen Mann, der pendelte und nur am Wochenende da war. Wie es ihr ging, verstand ich erst, als ich selbst Kinder bekam.

Nach Edvins Tod sprach sie all meine schwierigen Gedanken mit mir durch. Die Trauer nahm ständig neue Formen an, und der Herbst war lang und schneearm. Ich war so weit weg von allen anderen im Tal, Corona hinderte uns daran, einander zu besuchen. Wir telefonierten und hielten uns auf dem Laufenden: Wie war es inzwischen? Sie lobte uns, sagte, wir machten das gut, es sei kein Wunder, dass es schwer war. Früher hatte sie mir gute Ratschläge in Erziehungsfragen gegeben und mich aufgemuntert, und das Gleiche tat sie nun in Bezug auf die Trauer.

Ja, sagte ich in den Hörer. Wie so oft in diesen Wochen. Jaaa. Jaaa. Ich musste gute Dinge von anderen gesagt bekommen, damit ich einfach mit einem Ja antworten konnte. Und mit noch einem.

Vor Edvins Tod überlegte ich hin und wieder, wie es wohl wäre, Elisabeth zu verlieren. Würde sie sterben, hätte ich das Gefühl, mich selbst nicht mehr zu sehen, es wäre, als verlöre ich ein Körperteil. Ich konnte es mir nie so recht vorstellen, all die Jahre als halber oder dreiviertel Mensch zurechtzukommen. Einmal, im frühen Herbst desselben Jahres, sagte ich zu Idun: Ich wüsste gar nicht, was ich machen sollte, wenn ich meine Schwester nicht mehr hätte.

Idun sah mich an. Dann weißt du ja, wie es für mich ist, erwiderte sie.

Entsetzt blickte ich sie an. Oh, entschuldige bitte!

Vielleicht drehte ich mich so sehr um meine eigene

Trauer, dass mir Iduns Verlust gar nicht bewusst war, jedenfalls nicht wirklich.

Das mit dem Schwesternfoto im Rahmen unseres Hochzeitsbildes ist bei uns ein stehender Witz: Elisabeth spiele in meinem Leben wohl eine größere Rolle als Bår, wie man daran sehe. Der nimmt es mit einem Lächeln, wie so vieles.

Elisabeth sorgte sich um mich, Bår und Idun. Aber sie hatte auch noch unsere Eltern, um die es sich zu sorgen galt. Und ihre Kinder. Inga Nella trauerte um Edvin wie eine Schwester. Der Abend und die Nacht als er starb, die Tage danach, das war traumatisch, auch für sie. Tagsüber hatten sie noch getobt und gespielt, Inga Nella war hinter Edvin hergerannt und hatte ihn gefangen. Dann war er plötzlich tot, und sie las Idun vor, saß mit ihr im Auto nach Oslo. War überall dabei und hat alles gesehen. Und wie mochte es für Elisabeth gewesen sein, den Anruf mit der Todesnachricht zu bekommen? Sich ins Auto zu setzen und den weiten Weg nach Oslo zu fahren?

Für mich war der erste schreckliche Moment, als Papa bei uns in der Wohnung anrief. Für Elisabeth kam er, als sie mit dem Fahrrad auf dem Weg nach Hause war und den Rettungshubschrauber vor der Arztpraxis sah. Das war ein seltener Anblick. Hoffentlich ist nichts mit Papa, dachte sie noch. Kurz darauf, als sie gerade über die Brücke fuhr, kam Papa im Auto vorbei, Idun winkte auf dem Beifahrersitz, und sie hielten an und erzählten. Edvin ist krank, auf dem Weg in die Uniklinik, es ist ernst. Sie sagte, sie sollten zu ihr nach Hause fahren, sie komme mit dem Fahrrad hinterher. Noch immer hatte sie es nicht begriffen. Sie dachte, es würde gut gehen. Doch dann hörte sie Papas Stimme im Kopf, wie er sagte, es sei ernst. Kurz vor dem Ziel musste sie anhalten, sie bekam nicht mehr richtig Luft. Ein paar Mal hatte er es gesagt, es ist ernst. Sie begann zu begreifen.

In der Regel war Elisabeth ruhig und sprach mir gut zu, wenn ich sie anrief. Doch es kam vor, dass ich über all das redete, was bei mir und uns gerade los war, und sie plötzlich in Tränen ausbrach. Sie schlief schlecht, war vergesslich geworden und litt unter Konzentrationsschwierigkeiten auf der Arbeit. Ich verstehe einfach nicht, dass er tot ist, sagte sie manchmal. Das sagten wir oft zueinander. Es ist so vertrackt, all die Gefühle: Bedauern, dass es ihr schlecht geht. Freude, oder besser gesagt »Freude darüber« eine Schwester zu haben, die über meinen Sohn trauert, als wäre es ihr eigener. Eine Art Trost bei all dem unwiederbringlichen Schaden, den unsere Familie genommen hat, denn wenigstens brauche ich nicht so zu tun, als wäre nichts.

Tantentrauer und Cousinentrauer und Freundetrauer und Großvatertrauer und Lehrerinnentrauer. Nie zuvor war mir klar, wie weit die Fäden der Trauer sich erstrecken. Wie die Tentakel einer Feuerqualle. Leblos fahren sie aus und brandmarken alle, die sich in der Nähe befinden.

Das Gehirn ist in verschiedene Räume unterteilt. Manche sind schmal und eng. Manche sind seltsam möbliert, mit harten Holzstühlen und einem Bett, das die Tür versperrt, wie in van Goghs Gemälde »Schlafzimmer in Arles«. Andere sind geräumig, mit großen Fenstern und Aussicht, dort kann man atmen. Wie der eigene innere Raum aussieht, ändert sich mit der Zeit. Wenn ich mich länger mit jemandem unterhalte und plötzlich einen neuen Blick auf mein Leben erhalte, oder auch beim Schreiben, kommt es vor, dass sich die Türen zu verschiedenen Räumen in mir öffnen, auch solche, die schon lange geschlossen waren. Es passiert auch, dass ich Räume finde, von deren Existenz ich keine Ahnung hatte.

Der Raum, in dem sich die Trauer um Edvin befindet – und damit auch Edvin, denn sein Leben und Tod sind untrennbar miteinander verbunden –, nimmt viel Platz in meinem Gehirn ein. Um in andere Räume vorzudringen, muss ich durch diesen einen Raum. Er kann eigentlich kaum als Raum bezeichnet werden, denn Edvins Fehlen steckt in allem, in allen Wänden, in Decke und Boden.

Nach und nach gehen wir wieder zum Sport, in die Eishalle, zu Blasorchesterkonzerten und Abendveranstaltungen. Das Leben der anderen geht weiter, der Alltag bewegt sich vorwärts, souverän und ohne Unterlass. Im Laufe des Frühlings beginnen einige davon zu sprechen, dass wir »eine schwere Zeit« hinter uns hätten, als wäre sie jetzt vorbei. Manchmal kommen uns Leute besuchen, sie sehen den Tisch mit der Kerze für Edvin, das Bild an der

Wand, die geklebten Schuhe, all die Spuren, die Zeichen seines Fehlens – und verlieren kein Wort über ihn. Es kommt vor, dass Bår oder ich in einem Gespräch sagen: »Das war in der Zeit, als Edvin gestorben ist«, und niemand scheint uns zu hören, sie reden einfach weiter. Das ist mir unbegreiflich. Es kam einmal vor und noch einmal. Haben sie mich nicht gehört?, denke ich dann, aber so ist es nicht. Mama hat das Gleiche erlebt, meine Schwester auch. Leute, die sie seit Jahren kennen, erwähnen mit keinem Wort, was ihm zugestoßen ist, wenn sie sich das erste Mal wieder begegnen.

Ist der Tod eines Kindes so furchtbar, dass sie das Thema nicht anzurühren wagen, oder sind Krankheit und Tod generell schwierige Themen? Ich versuche es zu verstehen, doch es gelingt mir nicht, nicht bei Leuten, von denen ich eigentlich mehr erwarte. Nach dem Verlust eines Kindes ist man in einer schwachen Position, man ist auf besondere Art verletzlich. Damit wollen viele vielleicht nichts zu tun haben, denn so einer Verletzlichkeit nahe zu kommen, ist gefährlich. Oder vielleicht auch zu schmerzhaft. Das ist mein selbst gebastelter Erklärungsansatz, ich kann es kaum in Worte fassen, aber was uns in solchen Situationen leitet, muss irgendein Urinstinkt sein, wie mir scheint.

Wenn uns Leute aus dem Weg gehen oder es offensichtlich vermeiden, über Edvin zu reden, sage ich mir, das ist ihr Problem, darauf pfeife ich einfach. Aber nach solchen Begegnungen fühle ich mich immer extrem erschöpft. Mir ist schwindelig. Das Ignorieren von Edvins Tod bewirkt etwas. Es ist, als würde er unsichtbar gemacht, und zwar nicht nur nach seinem Tod, sondern auch als er noch lebendig war, wie er quietschfidel herumlief, auf Bäume kletterte und klatschnass oder mit Dreck an den

Schuhen nach Hause kam. Es ist, als würde die Tür zu dem gewaltigen Raum in meinem Gehirn zugeschlagen. Ach, da wolltest du also nicht hinein, denke ich.

Damnatio memoriae ist die Bezeichnung einer alten Rechtspraxis, die Menschen dazu verurteilte, vergessen zu werden. Die Betroffenen wurden nicht mehr erwähnt, aus den öffentlichen Dokumenten wurde alles getilgt, was über sie zu lesen war. Solch eine Beseitigung des Andenkens ist eine mächtige politische Waffe. Sie kam unter anderem gegen Dante Alighieri, den Verfasser der *Göttlichen Komödie*, zum Einsatz, der aus seiner Heimatstadt Florenz vertrieben und von seiner Familie, von Frau und Kindern, getrennt wurde.

Dantes Zeit liegt weit zurück, er starb im Jahr 1321, doch *Damnatio memoriae* ist noch immer eine aktiv verwendete Waffe, ein Urteil unseres kollektiven Unbewussten bei Todesfällen, ernsthaften Erkrankungen oder irgendeinem unangenehmen Problem mitten unter uns, mit dem wir nicht umzugehen wissen – vielleicht haben wir das Gefühl, es beträfe uns nicht, oder wir sehen keine Möglichkeit, es zu lösen.

Für den Tod gibt es keine Lösung. Manche blicken ihm ins Auge, andere sehen lieber weg.

Wie vieles anderes nehme ich mir solche Begegnungen mehr zu Herzen als Bår. Er erwartet weniger von seinen Mitmenschen als ich. Wenn jemand da ein besonderes Feingefühl hat, lasse ich mich lieber positiv überraschen, sagt er.

Edvin ist oft zu mir ins Bett gekommen. Egal wo ich schlief, fand er mich, egal wie dunkel es war, kam er angelaufen, schnell wie der Blitz, mit weit aufgerissenen Augen in der Dunkelheit. Dann war er plötzlich wieder klein, brauchte ganz viel Nähe. Hast du eine Unterhose an? Hast du einen BH an?, fragte er manchmal mit einem Blick unter die Bettdecke, bevor er sich zu mir legte. Ach, Mama, kannst du nicht mal mit Unterhose schlafen?, bat er einmal, und ich musste lachen, wie so oft, denn es war doch viel schöner, nackt zu schlafen. Trotzdem legte er sich zu mir. Auch im letzten Sommer auf der Ferienhütte. Eines frühen Morgens kam er angeschlurft und war zuerst beleidigt, weil ich nicht bei ihm und Idun geschlafen hatte, doch dann kroch er unter meine Decke.

Wir unterhielten uns ein bisschen, und schließlich sagte Edvin: Du, ich weiß nicht genau, wie ich es dir sagen soll … Gespannt wartete ich, was wohl kommen würde. Er schien die richtigen Worte zu suchen, dachte gründlich nach. Aaaaalso, ich glaube, du hast mich lieber als ich dich, sagte er schließlich. Ich nahm ihn in den Arm, hielt ihn ganz fest, dachte auch einen Moment nach und antwortete: Das ist vollkommen in Ordnung, Edvin, denn ich habe dich wirklich *sehr, sehr* lieb. Dann kuschelte er sich an mich, mit geschlossenen Augen und einem Lächeln auf den zusammengepressten Lippen, und ich empfand eine große Freude, es war die Freude darüber, dass er sich von mir abnabelte, er versuchte es auf verschiedene Weise, fast sieben Jahre lang, dünne, lange Beine, halblanges Haar, das er sich partout nicht schneiden lassen wollte, wie er so vieles nicht wollte, allmählich war er sein eigener Herr, ganz entschieden, und was er da zu mir sagte, zeigte wohl, wie sicher er sich meiner war. Ich wusste, dass er mit der Zeit immer weniger das Bedürfnis haben würde, zu mir zu kommen, dass er sich immer weiter entfernen würde. Schon jetzt ging er allein in den Supermarkt, um Ketchup oder Eis zu kaufen.

In den folgenden Wochen erzählte ich diese Geschichte einige Male, ich schmunzelte darüber.

Mir war, als hätte man mir Edvin aus dem Leib gerissen, als wäre er mir weggenommen worden und mit ihm ein Teil von mir. Ich spüre noch immer seinen Abdruck an meinem Bauch und meiner Brust, wie er morgens bei mir im Bett lag, mit dem Rücken zu mir, sein Haar unter meiner Nase, unsere Beine ineinander verschlungen.

Jetzt ist es, als bliebe Edvin für immer so nah, umschlossen von meinen Armen, in genau dieser Position. Er wird sich niemals ganz loslösen. Wenn ich versuche, meine Trauer um Edvin in Worte zu fassen, komme ich stets darauf zurück: *Er kam immer noch morgens unter meine Decke gekrochen*. Ich habe ihn zur Welt gebracht, sie haben ihn aus mir herausgezogen, er hing an mir wie ein Äffchen. Morgens kam er unter meine Decke.

Was würde ich darum geben mitanzusehen, wie du dich abnabelst, wie du fortgehst und auf eigene Faust in der Welt tätig wirst. Ach, Edvin, was würde ich darum geben, dass du lebst?

Ich traf mich mit einer Freundin in einem Café am Storting. Kirsten hat ihren Vater vor drei Jahren an ALS verloren. Sie hatte ihn sehr lieb. Er war etwa zwei Jahre krank gewesen, bevor er starb. Sie sagt, nach seinem Tod sei er gewissermaßen in ihr Inneres eingezogen und das sei sehr schön. Sie habe ihn bei sich.

Manchmal rutschten ihr Dinge heraus, die er hätte sagen können, seine Ansichten begleiteten sie auf eine andere, freiere Art als zu seinen Lebzeiten.

Nach Edvins Tod fühlte es sich für mich eher so an, als wäre mir etwas abgeschnitten worden, ein großer Teil von mir, der davontrieb und abstarb. Ein einziger Mangel, aber in Gedanken auch immerzu präsent, wie ein Geliebter auf einem anderen Kontinent. Dieser Schmerz in der Brust, Monat um Monat: Wann beruhigt es sich endlich da drinnen?

Ich fand ein wenig Trost in den Worten von Naja Marie Aidt, die in einem YouTube-Video vom Literaturfestival Louisiana das Gleiche sagt wie Kirsten, nämlich dass sie ihren Sohn Carl bei sich habe, dass es sei, als wäre seine *Essenz* bei ihr. Manchmal sage sie so etwas wie: Komm, Carl, jetzt gehts zur Trauertherapie! Bemerkenswert, dass selbst sie, die monatelang vor Verzweiflung nur im Dunkeln gehockt, getrunken und Fernsehserien geschaut, die vor Wut Gegenstände zu Boden geworfen, die neun Monate lang kein Wort mehr zu Papier gebracht hatte, dass selbst sie so etwas mit einer gewissen »Leichtigkeit« sagen konnte.

Bei unserem nächsten Treffen ein paar Wochen später sagte ich zu Kirsten, dass es mir nicht so gehe, ich spüre nur Edvins Fehlen, nicht seine Nähe.

Sie dachte nach und antwortete, möglicherweise habe das auch bei ihr eine Weile gedauert.

Jetzt warte ich also darauf, dass Edvin in mein Inneres einzieht oder anfängt, neben mir herzugehen.

Damit das passieren kann, muss es vielleicht erst einmal aufhören, so wehzutun.

Bår überkam es, als wir auf dem Nordre gravlund standen, in der Nähe der Kapelle. Es war der 31. August.
Wir warteten gerade auf Julie, die auf dem Friedhof arbeitete und uns bei der Wahl einer Grabstelle helfen sollte.

Ich hatte irgendetwas gesagt. Bår hatte die Rechnung
für die Arbeiten in der Wohnung bekommen und die
Handwerker hatten mehrere Wochen länger gebraucht als
vereinbart. Wir überlegten, wie wir damit umgehen sollten, ob wir eine Preisminderung einfordern konnten. Da
war er plötzlich wie vom Blitz getroffen. Ich sah es ihm an
und fragte, was los sei. Er sagte, wenn er den Handwerkern
mehr Druck gemacht hätte, sodass sie sich beeilt hätten
und früher fertig geworden wären, dann wären Idun und
Edvin in Oslo gewesen, als es passierte. Sagene – er wäre
innerhalb von fünfundzwanzig Minuten im Uniklinikum
gewesen. *Wenn uns klar gewesen wäre, wie ernst es war.* Bår
begann zu weinen. Und er weinte auch noch, als Julie uns
herumführte und wir uns die dicht an dicht gedrängten
Urnengräber ansahen, die mir nicht gut genug waren. Edvin brauchte mehr Platz, fand ich.

Für unsere Kinder ist nur das Zweitbeste gut genug,
pflegten wir zu scherzen, wenn wir irgendetwas für sie
anschafften. Das meiste kauften wir gebraucht oder bekamen es aus zweiter Hand weitergereicht. Schließlich
entschieden wir uns für eine frei stehende Grabstelle, die
zur Uelands gate hinausging, aber nicht zu nah an der
Straße. Dort kommt viel Sonne hin. Gleich dahinter stehen
drei große Lebensbäume und schirmen die Rückseite des

Grabes ab, sodass man ungesehen weinen kann. Gleich neben dem Grab befindet sich ein alter Springbrunnen mit einer Bank. Das war der richtige Platz für unseren Edvin, mit Gerd S. Kjos auf der einen Seite und Olaf Birkeland und Inger Martinsen auf der anderen, solide Erwachsene, die auf ihn aufpassen konnten, dachte ich. Ich konnte ihn nicht mehr ausgraben, brauchte mir nicht vorzustellen, dass sein Körper unter der Erde lag. Er war Asche, sagte ich mir voller Erleichterung, er war Asche, wachte aber noch immer irgendwo zwischen uns und den Toten.

Bår beschäftigten der Straßenlärm und die Stelle, wo die Bank stand, und Julie sagte, die Bank könne selbstverständlich auch woanders stehen, je nach Bedarf. Er dachte vor allem an seine Eltern, sie sollten es leicht haben, zum Grab zu kommen, sollten sich hinsetzen können, und da sein Vater einen Tinnitus hatte, sollte nicht allzu viel Lärm sein. Die beiden wohnen in Steinkjer und sind nur alle zwei Monate mal in Oslo. Die Bank kann auch woanders stehen, Bår!, sagte ich, zweimal musste ich ihm das sagen. Dieses Festhalten an Einzelheiten war ein Abwehrmechanismus, das war mir klar. Unter normalen Umständen hätte ich ihn mit seinen »autistischen Zügen« aufgezogen, darüber scherzten wir gelegentlich. Aber das ließ ich jetzt sein. Wir wählten eine Grabstelle für unseren Sohn. Idun sollte auch noch einmal mitkommen und sagen, ob sie einverstanden war, bevor wir uns endgültig entschieden. Den ganzen Rückweg zum Friedhofstor blieb Bår ein Stück hinter mir und Julie zurück und weinte vor sich hin. Ihm ist etwas eingefallen, was er hätte anders machen können, erklärte ich Julie. Ja, das ist ganz normal, sagte sie.

Die Schuldfrage kam immer wieder auf, mal bei ihm, mal bei mir. Ich war überrascht, wie spät Bår darauf gekommen war, dass Edvin in Oslo gewesen wäre, hätte es mit der Wohnung nicht so lange gedauert. Den Gedanken hatte ich schon mehrfach gehabt. *Aber sie waren nun mal in Kvam.* Edvin war so oft in Kvam, das war ein Teil seines Lebens. Doch Bår versteifte sich darauf: Hätte er die Handwerker doch nur mehr angetrieben.

In den folgenden Monaten sprachen wir viel darüber. Hätte ich mich doch nicht so sehr um Lampen und andere Details gekümmert, dachte ich. Gardinenstangen etwa. Farben und Stoffe und Yin und Yang und alte Holztüren und ob es die billige Arbeitsplatte aus Stahl sein sollte oder die teure, die alles etwas luftiger wirken ließ.

Hätten wir doch nicht das wuchtige Stahlbett auf finn. no gekauft, das viel zu groß fürs Kinderzimmer war, die Zeit fürs Auf-und-wieder-Abbauen hätten wir uns sparen können.

Als ich nach Oslo kam, um Bår zu helfen, fuhren wir mit dem Fahrrad herum und kauften Sachen für die Wohnung. Ich hinten im Anhänger, er auf dem E-Bike. Die Sonne schien, wir fühlten uns wie Teenager. Eines späten Nachmittags gingen wir zu Fuß den Maridalsvei hinunter, um nachzusehen, wie weit die Handwerker mit den Arbeiten waren. Die Gärten in der Straße standen in voller Blüte, der Himmel war hell. Wir schätzten uns glücklich, nicht diejenigen zu sein, die hinter dem Zweijährigen auf dem Bürgersteig hertrippelten. Wir sprachen darüber, wie groß unsere Kinder inzwischen waren. Wir malten uns die nächsten zehn Jahre aus, überlegten, wie unser Leben wohl werden würde. Wir könnten wieder mehr reisen. Mehr schreiben. Die Kinder mussten nicht mehr rund um die Uhr beaufsichtigt werden. Idun war jetzt öfter bei Freundinnen, und Edvin ging schon allein zu seinen Freunden bei uns in der Straße. Die Zukunft kam uns verheißungsvoll und leicht vor.

Dass Edvin starb, war wie eine Strafe. Als hätte eine große Hand ihn einfach aus unserem Leben gerissen, wegen einer Sünde, die wir nicht genau benennen konnten. Vielleicht ging es uns zu gut?

Hätte ich doch den Alltag mit den Kindern mehr zu schätzen gewusst, sagte Bår. Ich habe immer nur nach vorn geschaut. Hätte ich doch mehr im Augenblick gelebt.

Unser Gehirn ist ständig auf der Suche danach, was wir hätten anders machen können, um den Lauf der Dinge zu beeinflussen. Den ganzen Herbst über kamen wir immer wieder auf den Punkt zurück, dass Edvin vielleicht *doch* überlebt hätte. Wir konnten nicht wissen, wie es gelaufen wäre, doch in gewisser Weise hatte ich mich schon im Krankenhaus für eine Wahrheit entschieden, und die lautete, dass er nur mit sehr großen Folgeschäden weitergelebt hätte. Anfangs dachte ich: Lieber tot als schwerstbehindert. Ein gelähmter, stark beeinträchtigter Junge, der für den Rest seines Lebens ans Bett gefesselt und auf umfassende Hilfe angewiesen wäre? Nicht unser Edvin. Der kleine Baumkletterer, das Naturkind, der Lebensgenießer. Wie wäre das für ihn, für Idun, für uns gewesen? Doch auch das änderte sich mit der Zeit. Ich stellte mir vor, wie wir Edvin trotz seiner Beeinträchtigungen und womöglich gelähmt überallhin mitgenommen hätten. Oder dass einer von uns bei ihm im Krankenhaus gewesen wäre, während der andere mit Idun Urlaub oder Ausflüge gemacht hätte.

Wir hätten ihn füttern können. Uns um ihn kümmern, ihn pflegen.

Wie einer der Ärzte im Uniklinikum sagte: Es sei nicht *auszuschließen*, dass er es hätte schaffen können, wenn auch nicht »unbeeinträchtigt«. Ob er ein gutes Leben gehabt hätte, konnten sie nicht sagen. Wenn er in Oslo gewesen wäre. Wenn wir den Ernst der Lage begriffen und augenblicklich Hilfe geholt hätten. Aber derselbe Arzt meinte auch, selbst wenn Edvin auf einem Stuhl im Krankenhaus gesessen hätte, als es passierte, wäre er vielleicht gestorben. Die durch die Blutung verursachte Schwellung sei schnell größer geworden und habe einen starken Druck erzeugt, das Ödem habe sich an einer schwer zugänglichen Stelle hinten im Gehirn befunden, wo mehrere zentrale Funktionen zusammenliefen.

Irgendwann kamen Bår und ich zu dem Schluss, dass Edvin so oder so nicht in Oslo gewesen wäre, dass man die Kinder nicht in Oslo festhalten konnte. Wir wären doch trotzdem in den Urlaub gefahren, selbst wenn wir von der deformierten Ader gewusst hätten.

Edvin war an einem Ort gewesen, den er mochte. Er hatte noch gelernt, wie man ein Rad schlägt. Er starb mit grünen Fußsohlen und blauen Flecken an den Schienbeinen.

Bår kam oft alles sehr sinnlos vor. Er war den ganzen Sommer in Oslo gewesen und hatte die Handwerker beaufsichtigt. Die schöne Wohnung, mit Eichenfußböden und einer schicken Küche mit Blick auf Gut Vøienvolden und das leere Zimmer neben Iduns – alles umsonst.

Im Laufe des Sommers nahm er acht Kilo ab. Er war schon vorher dünn gewesen, doch als wir uns nach dem Sommer wiedersahen, war es, als würde ich einen vertrockneten Zweig umarmen.

Du hast das alles für uns getan, sagte ich zu ihm, als wir vom Friedhof gingen. Du hast dir den Hintern abgearbeitet, für die Kinder und mich. Ich hatte den Sommer mit ihnen, du hast dich für uns geopfert.

Während Bår und ich uns klarzumachen versuchten, dass wir Edvins Tod nicht hätten verhindern können, war Mama die ganze Zeit von Schuldgefühlen geplagt. Die Ärzte sagten ihr, sie habe das Richtige getan, sie hätte geistesgegenwärtig gehandelt, nicht viele wären so schnell zur Notaufnahme gefahren. Hätte ich es doch nur früher verstanden, antwortete sie, wäre ich doch nur sofort losgefahren! Hätte ich doch nur begriffen, was es war.

Die Krankenhausmitarbeiter, mit denen wir zu tun hatten, meinten, nicht einmal sie hätten mehr verstanden, wenn es ihr Kind gewesen wäre. Eine sagte, sie hätte es bestimmt einfach abends ins Bett gebracht. Auch eine Ärztin war der Meinung, dass sie anhand der ersten Symptome sicher nicht auf eine Hirnblutung geschlossen hätte. Und ihr wart ja schnell, sagten wir zu meiner Mutter, ihr habt euch in Windeseile ins Auto gesetzt und seid nach Vinstra gefahren.

Im Oktober, als Mama eine Woche bei uns wohnte, Vorhänge nähte und uns beim Streichen half, erzählte ich ihr von einem Buch, das ich gerade las, *Why Religion* von der Religionswissenschaftlerin Elaine Pagels. Pagels schreibt von der Zeit vor mehr als zwanzig Jahren, als sie zuerst ihren sechsjährigen Sohn Mark und im Jahr darauf ihren Mann verlor. Er stürzte einen Berghang hinunter und ließ sie mit zwei Kindern und einem dürftigen Einkommen zurück. Im Vorwort schreibt sie, der Verlust, den sie damals erlebte, habe »einen Krater in der Größe des Grand Canyons hinterlassen, in den ich mich nicht hineinwagte und in dem ich kaum etwas sehen konnte, er war wie ein schwarzes Loch im Weltall«. Irgendwann habe sie jedoch begriffen, dass sie sich hineinwagen *musste*, dass sie kein gutes Leben führen konnte, solange sie dem Geschehenen aus dem Weg ging.

Pagels schreibt auch von den Schuldgefühlen nach dem Tod ihres Sohnes aufgrund eines angeborenen Herzfehlers. Sie wussten, dass er irgendwann daran sterben würde. Ich las Mama aus dem Buch vor:

»So schmerzhaft die Schuld auch war, die ich zu empfinden beschloss, diente sie doch zugleich als Versicherung, dass solche Dinge nicht zufällig geschehen. Während der dunklen, endlos langen Tage von Marks Krankheit kam ich nicht umhin zu denken, ich hätte das alles irgendwie verursacht. Wenn Schuld der Preis für die Illusion ist, dass wir eine gewisse Kontrolle über die Natur haben, so sind viele von uns bereit, ihn zu zahlen. Ich jedenfalls war es. Um diese Last der Schuld loszuwerden, musste ich mich von der Kontrolle, die sie mir im Gegenzug zu geben schien, verabschieden und anerkennen, dass Schmerz und Tod genauso zum Leben gehören wie das Geborenwerden und unwiederbringlich mit unserer menschlichen Natur verwoben sind.«

In Pagels' Worten liegt viel Einsicht, sie berührten mich und halfen mir, meine eigenen Schuldgefühle besser einzuordnen, genauso wie Bårs und das Gefühl meiner Mutter, sie hätte nicht genug getan, nicht schnell genug gehandelt.

Ich sagte Mama, wie viel Sinn das für mich ergab, sah aber, dass es nicht zu ihr durchdrang. Sie hörte nur Blablablablabla, während ich sprach.

Aber Mama, du konntest doch nicht wissen, wie es weitergehen würde, das konnte niemand von uns!, sagte ich.

Sie stand in der Tür zum Flur vor den Kinderzimmern, im Maler-T-Shirt. Ich saß auf dem Sofa im Wohnzimmer, genau gegenüber von ihr.

Sie schüttelte den Kopf. Wie blöd kann man eigentlich sein?, sagte sie mit tränenerstickter Stimme, mehr zu sich selbst als zu mir.

An diesem Punkt waren wir schon einmal gewesen. Vor fünf Jahren hatte Mama ihre Eltern verloren. Zuerst war ihre Mutter gestorben, zu der sie ein enges Verhältnis gehabt hatte, wir alle. Drei Wochen später starb ihr Vater. Mama hatte bei beiden am Sterbebett gesessen und war anschließend völlig am Ende. Auch damals hatte sie Schuldgefühle gehabt.

Nach Edvins Beerdigung fuhr Mama mit Elisabeth zurück ins Tal. Wieder plagte sie das Gefühl, nicht schnell genug gehandelt zu haben, als es Edvin plötzlich schlecht ging. Elisabeth erinnerte sie an unsere Großeltern.

Das war damals auch so, sagte Elisabeth, da warst du

genauso! Aber du bist nicht GOTT, Mama, du bestimmst nicht, wer leben darf und wer sterben muss!

Ja, das stimmt, sagte Mama da.

Dreizehn Tage nach Edvins Tod: Idun und ich fuhren mit den Rädern ein Stück den Fluss hinauf. Auf unserer Uferseite führt ein kleiner Pfad zwischen Bäumen den Hang hinunter und mündet in die Straße nach Lilleborg. Idun und Edvin sind hier oft bergab gesaust, denn das ist eine der wenigen »Off-Piste«-Strecken in Sagene. Sie ist nicht lang, aber relativ steil. Nun blieb Idun oben stehen und hatte Hemmungen hinunterzufahren.

Soll ich zuerst?, fragte ich. Sie nickte, und ich fuhr vor. Sie radelte dicht hinter mir her, ihr helles Haar flatterte im Wind. Zuerst bergab an den Bäumen vorbei, dann wieder ein kleines Stück hinauf und zum Bürgersteig. Über uns und um uns herum das gewölbte Blätterdach wie ein Portal, und wir zwei auf dem Pfad, es war fast wie ein Ritual, eine von vielen Passagen, durch die wir unwillkürlich weitergeschleust, vorwärtsgeschoben wurden, ob wir wollten oder nicht. Wir fuhren über die Brücke und erreichten das schattige Ostufer des Flusses, wo wir die Fahrräder liegen ließen und den Hang zum Wasser hinuntergingen. An einem dicken Ast, der über den Fluss ragte, hatte jemand ein Seil befestigt. Idun stand da und überlegte, ob sie ans andere Ufer waten könne. Ich sagte, sie sei nicht groß genug, das Wasser reiche ihr bis zur Hüfte und die Strömung sei kräftiger, als man meine. Irgendetwas aber schien sie tun zu müssen, also schwang sie sich mit dem Seil hin und her, erst ein Mal, dann immer wieder, ihre langen Beine im Wasser. Sie lächelte, ein breites Lächeln, und mit einem Mal sprudelte die Freude in mir hoch, die in diesen Tagen klein und in meinem Inneren versteckt war. Tief in der Magengrube spürte ich zwar noch immer die Angst, doch es gab Dinge, die richtig waren, und Dinge, die weniger richtig waren. Das Richtige an diesem Abend unter dem klaren Himmel und den tiefgrünen Bäumen und über dem grauen, reißenden Fluss war die gemeinsame Zeit mit Idun. Auch ich schwang mich an dem Seil übers Wasser. Dann zogen wir Hosenbeine und Rock hoch und wateten zusammen in den Fluss hinein, wir hielten uns an den Händen und spürten, wie das Wasser unsere nackten Beine umspülte. Während wir uns vorsichtig von Stein zu Stein vortasteten, unterhielten wir uns über dies und das.

Idun fuhr mit gespreizten Fingern durch das strömende Wasser. Es ist, als wäre Edvin auf der anderen Seite, sagte sie und hielt den Blick nach unten gerichtet. Als wollten wir zu ihm rüber, aber wegen der starken Strömung geht es nicht.

Ich erzählte ihr von Styx, dem Fluss in der griechischen Mythologie, und dem Fährmann Charon, der die Toten hinüberbrachte. Die Toten mussten ans andere Ufer und ihm für die Fahrt eine Münze bezahlen.

Ein Riese trägt die Toten übers Wasser, sagte Idun. Er ist groß und trägt sie so auf dem Arm, meinte sie.

Während wir im Fluss standen, sah ich Bår auf dem Fahrrad näher kommen. Er legte sein Rad ab, holte die Kamera hervor, lehnte sich an einen Baum und machte ein Foto von uns im Wasser. Auf dem Bild sehe ich Idun und mich, Mädchen in blauer Latzhose, Frau in gelbem Kleid. Konzentriert schauen wir uns an, halten uns aneinander fest.

Zu diesem Zeitpunkt machte mir der Gedanke an Edvins Körper zu schaffen, der mittlerweile wohl zu Asche geworden war und sich im Krematorium Alnabru befand.

Er war immer noch so nah, es war mir beinahe unmöglich zu akzeptieren, dass er fort war, dass er nicht mehr existierte, dass alles, was von ihm übrig war, ein kleiner Haufen Asche war.

Wer waren wir, ohne Edvin?

Wie sollte er zurechtkommen, ohne uns?

Wir befanden uns nach wie vor auf derselben Zeitachse wie er. Noch vor wenigen Tagen hatte er geatmet und gelacht und war barfuß durchs Gras gelaufen. Jetzt war er tot. Gestorben. Ein Körper. Oder Asche. Ich wusste es nicht genau, ich wollte es mir nicht vorstellen. Es musste sich um einen Irrtum handeln. Vielleicht war er nur verreist. Er war nicht hier. Nein, er war tot, Edvin war tot, wir bildeten es uns nicht nur ein. Und ich lebte – mein Sohn war tot, aber ich lebte, schon dieser Umstand erschien mir absurd. Aber ich war nicht allein. Vor mir stand Idun und streckte die Hand nach mir aus.

Es gab keine Antwort, keine Lösung. Ich hatte in den Abgrund zwischen Leben und Tod geblickt, hatte schwindelnd am Rand gestanden, aber weiter kam ich nicht bei der Frage, wo Edvin jetzt war. Der Riese, von dem Idun gesprochen hatte, der Wächter des Flusses Akerselva, Träger der Toten, war meine größtmögliche Annäherung zu diesem Zeitpunkt. Eine Geschichte, die wir einander erzählen konnten.

Nach einer Weile fuhren wir weiter den Fluss hinauf, Idun ein Stück vor Bår und mir. Ich erzählte ihm, was sie gesagt hatte, von der Strömung im Fluss.

Sie hat recht, sagte Bår. Die Strömung hindert uns daran, zu ihm zu kommen. Der Fluss fließt nur in eine Richtung, nach vorn, und uns bleibt nichts anderes übrig, als der Strömung zu folgen.

Ostern 2021, auf einer Hütte in Fagerli, lasen wir das schwedische Buch *Sasja und das Reich jenseits des Meeres*. Darin zieht der Junge Sasja los, um seine Mutter vom Tod zurückzuholen, der sich in sie verliebt hat. Die Geschichte war nur eine von vielen literarischen Verkleidungen des Todes, die wir uns im Laufe dieser Wochen vornahmen. In Frida Nilssons Buch ist er als eingebildeter, übel riechender Typ dargestellt, der stets im Morgenmantel herumläuft und von einem Schwarm Fliegen umgeben ist. Die Fliegen sind die Vorboten, die das Sterben eines Menschen ankündigen.

Während einer Lesepause fragte ich Idun, ob sie sich noch daran erinnere, wie wir zusammen durch den Fluss gewatet sind, als es noch wärmer war, und sie von dem Riesen erzählt hat, der die Toten hinüberträgt.

Klar erinnere ich mich daran, antwortete Idun.

Ich habe ihn mir immer wie den Riesen in *Hilda* vorgestellt, sagte ich, der trägt die Toten auf dem Arm, etwa so.

Nein, so ist das aber nicht, entgegnete Idun.

Wie denn?

Er trägt sie auf den Schultern. Also, sie sitzen dem Riesen auf den Schultern.

Ach so, sagte ich.

Und wir können nicht einfach am Flussufer stehen bleiben und zusehen.

Ich nickte. Das stimmt, sagte ich, wir müssen uns bewegen, Dinge tun, weitergehen.

In *Sasja und das Reich jenseits des Meeres* gelingt es dem Protagonisten, seine Mutter zurückzuholen. Idun und ich sehen uns an. Am Ende sind die beiden wieder auf der Erde, nähern sich ihrem Haus, sie ist tatsächlich bei ihm. Wir hatten so viel über das Reich der Toten gesprochen, über die Mythen, in denen Verstorbene zurückgeholt werden sollen, und die Unmöglichkeit dieses Vorhabens. Idun schaute mich an: Aber das geht doch nicht! Ich schüttelte den Kopf und gab ihr recht.

Man könnte es fast als unmoralisch bezeichnen, dass die Autorin so etwas geschehen lässt, die Naturgesetze einfach aufhebt, falsche Erwartungen beim Publikum weckt, wenn man so will. Doch irgendwie ist es auch schön, dass sie es so enden lässt. In der Fantasie kann man seine Mutter eben wiederbekommen. Kann sie aus dem Reich der Toten holen, noch ein bisschen mit ihr zusammen sein, zusehen, wie es in dem Haus dort weitergeht, mit Mutter, Vater, Kind.

Nichtsdestotrotz verwirrt es uns etwas, dass es so endet, uns beide.

Es muss im Herbst 2019 gewesen sein, als Edvin anfing, Leute als »alte Oma« bzw. »alter Opa« zu bezeichnen. Wie kam das? Vielleicht brachte ihn die Fernsehserie *Wir sind die Croods* darauf, diese verrückte Steinzeitfamilie, da gab es auch eine »Oma«. Oder Vesla, die alte, demente Dame, die eine Etage unter uns wohnte und die es jedes Mal, wenn sie uns sah, aufs Neue überraschte, dass ich zwei Kinder hatte. Sie nannte Edvin immer »Zuckerhut«.

Edvin suchte sich ganz bestimmte Opfer, wie beispielsweise einen großen dünnen Jungen, der bei der Nachmittagsbetreuung arbeitete und mit dem er gern Späßchen machte. Hallo, alter Opa!, sagte Edvin, wenn er ihm morgens begegnete. Die Überraschung im Gesicht des anderen bereitete ihm großes Vergnügen. Der gespielt verärgerte Blick. Tschüs, alter Opa!, rief er ihm zu, wenn er nachmittags nach Hause ging.

Auch meine Mutter nannte er alte Oma. Einmal, als er für eine Woche in Kvam war, sollte er mit Mama ihre beiden Tanten besuchen, Tante Anna und Tante Solveig. Zuerst wollten sie zum Friedhof und nach den Familiengräbern sehen. Dort lagen unter anderem die Eltern der beiden, ihr Bruder Hans, der als Neunzehnjähriger gestorben war, und meine Großmutter, eine von drei Schwestern, die nicht mehr lebten. Anschließend ging es ins Gammelbua, ein kleines Café im Zentrum von Kvam. Da Edvin regelmäßig in Kvam war, traf er meine alten Verwandten viel öfter als ich. Er war ständig bei irgendwelchen älteren Damen zu Besuch, die Mama kannte. Bevor

Mama und er sich auf den Weg machten, ermahnte sie ihn: Aber du sagst jetzt nicht alte Oma zu ihnen, Edvin! Nein, natürlich nicht, sagte er beinahe empört darüber, dass sie so etwas von ihm denken konnte. Sie saßen lange zusammen im Café, unterhielten sich und tranken Kaffee. Ich bekam ein Foto zugeschickt, auf dem Edvin mit einer großen Zimtschnecke zwischen den adrett gekleideten, grauhaarigen Damen sitzt und die Beine baumeln lässt. Beim Abschied sagte er dann zufrieden: Siehst du? Ich hab nicht alte Oma zu ihnen gesagt!

Das ist so eine nette kleine Geschichte, eine Anekdote, über die wir auf seiner Konfirmation hätten schmunzeln können. Aber es ist noch mehr. Seine Persönlichkeit machte zu dieser Zeit gerade eine Veränderung durch, sie dehnte sich aus. Er entdeckte zunehmend seinen Charakter. Begann zu fluchen. Verdammte Scheiße. Dämlicher Idiot. Doofe, dicke Mama. Facking Bitsch, sagte er am Mittagstisch zu mir. Ich erkannte meinen lieben kleinen Jungen kaum wieder, er war doch immer so umgänglich gewesen. Weißt du eigentlich, was Facking Bitsch bedeutet, Edvin?, fragte ich. Nein, was denn?, erwiderte er. Er schien sich regelrecht aus dem Jungen herauskatapultieren zu wollen, als den wir ihn kannten. Wollte herausfinden, wer er war, wo die Grenzen verliefen, was gesellschaftlich akzeptiert war und was nicht.

Bei Begegnungen mit Leuten, die er noch nicht kannte, nahm er direkten Blickkontakt auf und sagte: Hallo! Wie heißt du? Er wusste, dass er süß und einnehmend wirkte. Er wusste, dass sie seinen Gruß erwidern mussten. Manche waren jedoch einen Moment verunsichert, gaben vielleicht ein kurzes Augenflackern preis. Und ich glaube, dieses Spielchen gefiel Edvin. Sein Sinn für Humor war allgegenwärtig, dieses Blitzen in seinen Augen, er verdrehte Sätze, um bewusst eine Reaktion hervorzurufen, Gelächter, Verblüffen oder Empörung. Er wollte ständig Grenzen testen. Einmal, als wir in Kvamsfjellet waren, saßen wir mit zwei entfernten Cousinen von Idun und Edvin, die mit meiner Tante auf der Hütte waren, im Café Rustugusetra, und die beiden Mädchen waren regelrecht entsetzt über Edvins Ausdrucksweise. Er war der reinste Sonnenschein, verwendete aber in jedem zweiten Satz Schimpfwörter. Wo hat er das denn gelernt?!, fragte eine der beiden aufrichtig schockiert.

Weiß ich auch nicht, antwortete ich, doch das stimmte nicht ganz. Bår und ich benutzten beide Schimpfwörter.

Verdammt noch mal. Verdammte Scheiße. Oder ich zu Bår: Lass doch mal das Scheißfluchen vor den Kindern!

Der grobe Wortschatz kam auch auf ganz unerwartetem Weg daher.

Wo ist denn die alte Schabracke?, fragte Edvin beim Mittagstisch.

Was meinst du?, fragte ich. Welche Schabracke?

Na, das Ding für den Käse, sagte Edvin.

Ach, die Käsereibe!

Wir lachten.

Seitdem fragten wir oft, wo denn die alte Schabracke sei.

Nicht nur in seiner Kleidung war er wählerisch, sondern auch was den richtigen Löffel fürs Essen betraf.

Der ist VIEL zu groß, Mama!, sagte er, als ich ihm einen Esslöffel hinlegte.

Ich versuchte es mit einem kleineren.

Viel zu groß!

Manchmal holte ich den größten Holzlöffel, den wir hatten, und legte ihn auf den Tisch.

Wie wärs damit?

Er wollte immer nur die allerkleinsten Teelöffel haben.

Bår und ich führten Idun an die Literatur heran, und dasselbe tat sie mit Edvin. Am 20. Oktober 2015 schrieb ich im Tagebuch von unserem Ausflug zur Bücherbörse in der Bjølsen-Schule. Edvin war damals zwei Jahre alt, Idun fast fünf. Die Herbstsonne war mild und angenehm und tauchte alles in ein sanftes Licht. Idun ging herum und suchte Bücher für sich, aber auch für Edvin. Ach, ich hoffe, das gefällt Edvin, Mama!, sagte sie. Als wir mit unserer Beute nach Hause kamen und Edvin von seinem Nachmittagsschläfchen aufgewacht war, stellten wir im Kinderzimmer eine kleine Kommode auf, die wir gebraucht erstanden hatten. Sie hatte ein Schränkchen in der Mitte und rechts und links jeweils zwei Regale. Idun verteilte den Regalplatz, eine Seite für sie, eine für Edvin, und die Regale im Mittelschrank waren für sie beide. Sofort begannen sie, die Bücher einzuräumen. Sie waren lange damit beschäftigt, ganz unter sich. Ich hörte, wie Idun sagte: Du musst mir helfen, Edvin, ich kann das nicht alles alleine machen. So hatte ich sie noch nie zusammen gesehen, voller Eifer für ein gemeinsames Projekt, so lange, ohne zu streiten. Bücher waren zu dem Zeitpunkt für beide sehr wertvoll. Es gab kaum etwas, worüber sie sich so sehr freuten wie über neuen Lesestoff, den ich ihnen aus der Bücherei mitbrachte.

Als Edvin fünf Jahre alt war, bekam er seinen ersten Büchereiausweis. Er war glücklich und stolz. Nun hatte ich zwei Kinder, die offiziell Nutzer der Norwegischen Bibliothek waren. Der Ausweis steckte in meinem Portemonnaie, und jedes Mal, wenn ich im Herbst nach seinem Tod Bücher ausleihen wollte, meistens zum Thema Trauer, und nach meinem eigenen Ausweis suchte, tauchte seiner auf. Kalte Schauer jagten mir über Arme und Beine und trieben mir Tränen in die Augen. Ich versteckte den Ausweis ganz hinten im Portemonnaie. An einem Samstag im November suchte Bår nach seinem Nutzerausweis und wollte wissen, ob ich ihn irgendwo gesehen hätte. In der vergangenen Zeit hatte ich mir des Öfteren seinen Ausweis geborgt, nachdem ich meinen bereits zum zweiten Mal innerhalb von wenigen Tagen verloren hatte. Draußen schien die Sonne, es war ungewöhnlich warm für einen Tag so spät im Herbst, aber morgens lag eine dünne Schneeschicht vor Gut Vøienvolden. Ich durchsuchte mein Portemonnaie und fand Bårs Ausweis. Auch Iduns Ausweis fand ich. Und Edvins. Nun wusste ich, was zu tun war, ich musste den Büchereiausweis meines Jungen fortlegen. Ich ging in Edvins Zimmer und legte den Ausweis in den Korb mit der Post, die wir im Anschluss an die Trauerfeier bekommen hatten. Dann setzte ich mich aufs Bett, wo all seine großen schlaffen Kuscheltiere lagen, und weinte still und lange vor mich hin.

Bår hatte jemanden von den Zeugen Jehovas am Telefon, der wissen wollte, ob er mehr über Gottes Reich erfahren wolle. Mich hatten sie auch schon angerufen, am selben Tag. Das ist gerade schlecht, hörte ich ihn sagen. Und nach einer kleinen Pause: Es ist eigentlich immer schlecht. Bår legte auf und fragte, warum ich so traurig sei. Ich erzählte, dass ich Edvins Büchereiausweis fortgelegt hatte. Damit ist jetzt klar, dass er ihn nie wieder benutzen wird, sagte ich. Genau wie seinen blauen Fahrradhelm oder die schönen neuen Stiefel im Schrank. Ich brachte es nicht über mich, sie wegzugeben. Auch den Helm nicht. Oder den großen roten Wecker, den er sich im Sommer gekauft hatte, dieses lärmende Ding, das bei jeder Sekunde laut tickt. Vielleicht kann er die Sachen ja irgendwann noch mal gebrauchen, dachte ich. Du weißt selbst, wie dumm das ist, sagte ich mir.

Ja, ja, antwortete ich mir.

Seinen Büchereiausweis fortzulegen, war das Schwierigste, was ich diesen Herbst tat. Edvins ganze Zukunft steckte darin.

Bår legte mir eine Hand auf die Schulter.

Wir müssen ein bisschen raus in die Sonne, sagte ich.

Die Wochen vergingen. Bår fuhr mit dem Rad zur Bibliothek, um sich ein paar Bücher auszuleihen. Mit seinem Ausweis stimmte irgendetwas nicht, also musste er zur Schranke und die Bücher manuell ausleihen. Die junge Frau, die ihn dort bediente, wollte wissen, für wen die Bücher denn seien, da auch Edvins Ausweis auf Bår registriert war. Bår antwortete, dass Edvin diesen Herbst verstorben sei und sein Konto gelöscht werden könne. Sofort fing sie an zu weinen, entschuldigte sich und trocknete die Tränen, während sie mit einer Hand weitertippte.

Am Montag, den 16. November, las ich zum zweiten Mal *The Year of Magical Thinking*, in dem Joan Didion vom Tod ihres Mannes und der lebensbedrohlichen Krankheit ihrer Tochter erzählt. Alles war normal. Sie zündeten den Kamin an und setzten sich an den Essenstisch. »Life changes in an instant«, schreibt Didion. Ihr Mann fiel zu Boden und starb an einem Herzinfarkt. In den folgenden Monaten kam ihr immer wieder der Gedanke, das könne ja vielleicht rückgängig gemacht werden, es sei vielleicht nur ein Irrtum gewesen und ihr Mann eigentlich gar nicht tot. Selbst als sie nach langer Zeit den Obduktionsbericht erhielt – vielleicht zeigte der ja, dass die Todesursache etwas ganz Banales war, nur ein geringfügiges Problem, das gelöst werden konnte. Sodass er doch noch lebte. Ein amerikanischer Schriftsteller mit Herzflimmern stirbt im Alter von 71. Ein norwegischer Junge stirbt noch vor seinem siebten Geburtstag an einer Hirnblutung. Sechs Jahre alt, fast sieben. Keine Vorerkrankungen. Plötzlich ist der Tod da und nicht zu begreifen. Wo ist das Lachen hin, der Blick aus den blauen Augen, die Art zu gehen? Was wir alles noch zusammen machen wollten, was er alles werden wollte. Rein rational können wir es verstehen, und trotzdem bewahren wir Schuhe, Fahrradhelme und andere Gegenstände auf, die vielleicht noch einmal gebraucht werden könnten.

Später an dem Tag, als ich in Didions Buch gelesen hatte, fuhr ich ins Einkaufszentrum, um für Idun neue Jeans zu besorgen, und dachte: In die Jungenabteilung brauche ich heute nicht, ich suche ja nur Sachen für Idun. Als könnte ich einfach beim nächsten Mal für ihn einkaufen, als würde er jemals wieder neue Sachen benötigen. Zurück zu Hause setzte ich mich aufs Sofa und las weiter in dem Buch. Ich brauchte nicht aus dem Fenster zu schauen, um zu wissen, dass es regnete, durch den Fensterspalt drang ein gleichförmiges Rauschen. *Zzzzzsch* machte es, als ein Auto vorbeifuhr. Didion musste die lektorierte Fassung des Romans durchsehen, den ihr Mann kurz vor seinem Tod beim Verlag eingereicht hatte. An einer Stelle im Manuskript schien ein Wort zu fehlen. Vielleicht hatte er es absichtlich weggelassen. Sie überlegte, ob sie es einfügen sollte oder nicht. Im Roman ihres Mannes kam ein Orkan auf die Figuren zu, und dieser Orkan im Buch in Kombination mit dem Regen vor dem Fenster ließ mich an den Frühsommer 2016 denken, als wir mit Sindre und seiner Familie auf Tjärnö in Schweden waren.

Die Insel mit dem Ferienhaus liegt in der Nähe von Strömstad. Hedda war gerade hochschwanger mit Olav, Sindre und Edvin waren drei, Idun fünfeinhalb. Wir hatten Kekse und etwas zu trinken eingepackt und wollten an den Strand. Das Auto ließen wir an der Kirche stehen. Auf einem Plakat an der Mauer stand, dass die Parkplätze während der Gottesdienste den Kirchenbesuchern vorbehalten seien. Nur ein weiteres Auto war dort zu sehen. Wir folgten einem Pfad hinunter zum Wasser, mit all unseren Badesachen, Tüten und Beuteln. Das Wetter war gräulich, die Luft flimmerte, und eine dünne Wolkenschicht hatte sich wie ein Deckel über den Himmel gelegt. Am Wasser angekommen, begannen die Kinder sofort, von Stein zu Stein zu hüpfen. Idun wusste genau, was sie tat, um sie machte ich mir keine Sorgen. Doch Edvin eiferte ihr nach, genauso selbstsicher, aber bei Weitem nicht so kontrolliert, und ein paar Mal bekamen Hedda oder ich ihn gerade noch zu fassen, als er bei einem viel zu weiten Sprung beinahe auf die Steine gestürzt wäre. »Nichts passiert, Mama!«, sagte er jedes Mal. Voller Selbstvertrauen, vollkommen sicher, dass große Hände ihn im Notfall auffingen, dass alles gut gehen würde.

Ich schwamm ins kalte Wasser hinaus, machte mich lang, war ganz allein dort draußen und warf einen Blick zurück ans Ufer. Da waren Hedda und Sindre, Edvin und Idun, wie kleine Figuren in der Ferne. Sonst war niemand am Strand. Die wenigen, die bei unserer Ankunft noch gebadet hatten, waren inzwischen gegangen. Ich spürte den Wasserdruck am ganzen Körper. Wie immer, wenn ich allein im Meer schwamm, fühlte ich, wie klein ich war. Da drüben an Land waren meine Kinder, wie winzige umherschwirrende helle Flecken. Ich drehte mich auf den Rücken und glitt langsam durch das tiefe dunkle Wasser. Über mir hatte sich eine dunkelgraue Wolkendecke gebildet.

Später gaben wir den Kindern Fruchtsaft aus kleinen Plastikbechern. Der Himmel hatte sich verfinstert, von einem Moment auf den anderen. Und dann begann es zu tröpfeln. Sobald der erste Tropfen gefallen war, ging alles ganz schnell. Vom Wasser her schlug uns ein kräftiger Wind entgegen. Der Regen peitschte von der Seite auf uns ein. Die Kinder waren so gut wie nackt. Sie anzuziehen war nun das Einzige, was zählte, und ich musste mich entscheiden, wem ich helfen sollte und wer nass werden musste. Edvin, der wie versteinert dastand, warf ich die schwarze Wolljacke über, der verängstigten, bibbernden Idun sagte ich nur, sie solle Hedda und Sindre hinterherlaufen. Sie rannte den Pfad hinauf, ich trug Edvin. Normalerweise klammerte er sich an mich wie ein

Äffchen, doch jetzt war er ein einziger Klumpen, den ich mit beiden Armen festhalten musste, während ich zusätzlich Sindres Tretroller mitschleppte. Das war schwer. Der Wind zerrte an unserer klatschnassen Kleidung. Es war stockdunkel, mitten am Tag, und das Wasser rann uns nur so durchs Haar und den Rücken hinab. Den ganzen Weg über sprachen Hedda und ich den Kindern Mut zu, sagten, wie toll sie das machten. Ich versuchte, einen Blick unter die Wolljacke zu werfen, Edvin gab keinen Ton von sich, und ich fragte mich, ob er vielleicht eingeschlafen war. »Nicht!«, rief er und zog die Jacke wieder zu. Für Idun hatte ich keine Hand frei. Sie hielt den Affen Kaffee-Lars fest an sich gedrückt, und ihr Gesicht verriet, dass sie große Angst hatte. Der Wind schüttelte die Baumkronen, es tropfte von den Ästen. Die Kälte kroch uns in die Glieder. Der Rückmarsch zum Auto war lang, und erst auf halbem Weg kamen wir darauf, dass wir Sindres Roller ja auch stehen lassen und später holen konnten. So bekam ich Edvin besser zu packen, wir liefen weiter, Idun mit nackten Füßen in den Sandalen. Dann hatten wir den Wald hinter uns. Am Auto angekommen setzten wir die Kinder auf die Rückbank und breiteten Decken und mein Tuch über sie aus. Ich startete den Motor und drehte die Heizung auf, dann wand ich mich aus dem triefnassen T-Shirt. Auf dem Beifahrersitz saß Hedda im Bikinioberteil. Wir sahen uns an und mussten lachen, ein hysterisches Lachen, auf dem Parkplatz vor der Kirche. Die Kinder starrten uns an, fröstelnd und nass auf der Rückbank. Wir lachten und lachten.

Wieso erinnere ich mich daran? Alles war ganz normal, es war bewölkt, aber wir hatten eine schöne Zeit dort am Strand, bis das Wetter plötzlich umschlug und bedrohlich wurde und wir schnell in Sicherheit mussten. Wäre ich allein oder nur mit Hedda gewesen, wäre es eins dieser Erlebnisse gewesen, die zwar in dem Moment Eindruck machten, dann aber verschwanden. Doch die Verantwortung für die Kinder, die Tatsache, dass Idun selbst zurechtkommen musste und dass Edvin in meinen Armen fror, das alles machte den entscheidenden Unterschied. Sie in Sicherheit zu bringen, war das Einzige, was zählte. Noch ein paar Mal sprachen sie später davon, wie es einmal so heftig geregnet und gestürmt hatte und wir loslaufen mussten und sie Angst hatten. *Aber am Ende war alles gut.* An dieses Gefühl erinnerte ich mich, auch wenn von den Einzelheiten kaum noch etwas übrig war. Ich hatte vergessen, dass ich an dem Tag im Wasser war. Dass Edvin so wagemutig von Stein zu Stein gehüpft war. Dass er sich auf meinem Arm zusammengerollt hatte. Das war aus meinem Kopf verschwunden, so wie fast alles verschwindet, bis auf die paar Fragmente im Tagebuch.

Wenn ich groß bin, werde ich Erfinder, sagte Sindre nach Edvins Tod. Genau wie sein kleiner Bruder Olav. Gemeinsam wollen sie eine Zeitmaschine erfinden, mit der sie in die Vergangenheit reisen können. Dann will Sindre sagen: Hallo, Edvin, ich bin Sindre aus der Zukunft. Du hast eine Ader im Gehirn, die kurz vorm Platzen ist! Eines Abends murmelte Olav leise vor sich hin. Kann ich mit zu Sindre nach Hause?, sagte er. Wovon redest du?, fragte Hedda. Das hat Edvin immer gesagt, antwortete Olav. Hedda muss weinen, wenn die Kinder über solche Dinge reden. Die Kinder weinen nicht. Sie sprechen mit einer Selbstverständlichkeit von Edvin, als wäre er gar nicht weit weg. Sindre hat einen Bilderrahmen mit lauter Bildern von sich und Edvin bekommen. Der Rahmen ist herzförmig, er hat ihn sich selbst ausgesucht. »Weil ich Edvin so lieb habe.«

Als mit dem Januar ein neues Jahr kommt, das erste ohne Edvin, und das Licht sich über den Himmel ausbreitet und Muster auf die Wände der Wohnung wirft, schickt Hedda mir eine E-Mail. Darin erzählt sie von unserem gemeinsamen Schwedenaufenthalt. Sie schreibt, wie mutig Idun und Edvin von Stein zu Stein gehüpft sind, während Sindre sich an Heddas Hand festhielt. Im Gegensatz zu mir waren Hedda die spitzen Muschelstücke aufgefallen, die überall herumlagen. Sie warnte Edvin davor und sagte, er könne sich daran schneiden. »Sind die gefährlich? Kann man da bluten?«, fragte er. Als wir zurück zum Ferienhaus kamen, sprach er noch einmal davon, und ich erzählte Hedda, dass ihm so etwas ziemliche Angst einjagen konnte.

Das stimmte. Ich hatte vergessen, wie er war. Dass er nicht nur ein Draufgänger war, sondern auch diese andere Seite hatte, das Verletzliche, die Ängstlichkeit, die manchmal unerwartet auftauchte. Ich sehe es beim Scrollen durch die alten Videos von seinen ersten Gehversuchen, wie er ein paar Schritte macht, dann aber verzweifelt die Arme ausstreckt und Nähe und Trost sucht. So ganz allein ist die Welt plötzlich unheimlich.

Hedda schreibt:

»Ich finde es bemerkenswert, dass Edvin einerseits diesen Drang hatte, ständig neue Dinge zu wagen und zu schaffen, und andererseits so verletzlich wirken konnte. Einmal, als er mit uns zum Torbjørn-Egner-Festival in Kampen kommen sollte, hat er gleich vor dem Tor wieder kehrtgemacht und ist zurück zu eurer Haustür gelaufen. Ich habe ihn auf den Schoß genommen, mit ihm geredet, gefragt, was denn los sei, gesagt, dass er keine Angst zu haben brauche, dass das bestimmt Spaß machen werde. Aber Edvin war mucksmäuschenstill und hat nur die Lippen zusammengepresst, während ihm Tränen über die Wangen liefen und sein ganzer Körper bebte. Mir blieb nichts anderes übrig, als euch anzurufen und Bescheid zu sagen, dass er nicht mitkommen wollte. Ein paar Jahre später passierte etwas Ähnliches, da waren sie fünf und Edvin sollte mit uns zum Kindergarten gehen. Edvin und Sindre waren schon die Treppe hinuntergegangen, und dann dauerte es nur ein bisschen zu lange, bis ich mit dem Baby und allem hinterherkam, bestimmt war der Aufbruch bei uns auch etwas stressig gewesen. Da fand ich ihn dann bei euch auf der Treppe, mit zusammengekniffenem Mund und tränennassen Augen, und am Ende musste ich Bår anrufen und ihm sagen, dass Edvin seine Mutter oder seinen Vater brauchte. Solche Erlebnisse mit ihm empfand ich nicht als Zurückweisung oder Niederlage. Ich fand, es war einfach nur herzzerreißend und ganz anders, als das, was ich von Sindre gewohnt war, ein Ausdruck seiner Persönlichkeit und Willenskraft. Und ich denke, dass er diesen sicheren Hafen hatte – Mama, Papa, Idun –, war wohl auch der Grund dafür, dass er so selbstständig und mutig sein konnte – er wusste, dass er nach Hause kommen und dort Trost und Unterstützung finden würde, falls ihm irgendetwas zu viel war.«

»Kann man da sterben?«, fragte Edvin Hedda. Wenn man im dritten Stock vom Balkon fiel, konnte man sterben. Wenn man über die Straße lief, ohne sich umzusehen, konnte man sterben. Wenn man auf dem Geländer vom dritten Stock ins Erdgeschoss rutschte, konnte man sterben, aber wenn man im ersten anfing, nicht. Bei ihrem letzten Besuch, nachdem Sindre mit seiner Familie schon nach Nordstrand gezogen war, fand Hedda Edvin vor einem weit geöffneten Fenster in unserer Wohnung. Sie hielt ihn fest und machte es zu. Kann man da sterben?, fragte er. Ja, antwortete Hedda. Es war das letzte Mal, dass sie ihn sah.

Auch davon schreibt sie in ihrer Mail, und ich sehe vor mir, wie ich Edvin einmal auf der Straße festgehalten habe, als er mit dem Fahrrad losgesaust war und partout nicht bremsen wollte. Da kannst du sterben, Edvin, und das ist dann für immer! Ich sehe ihn vor mir auf dem Flohmarkt der Schule, das muss in seinem ersten Frühjahr dort gewesen sein. Ich stand in der Bücherabteilung, Mama war bei uns, um auf die Kinder aufzupassen, sodass

Bår und ich in den verschiedenen Abteilungen mithelfen konnten. Sie kam mit Idun und Edvin, die sich auch ein paar Kleinigkeiten aussuchen sollten. Und als wir gerade so beisammenstanden, sahen wir Sindre, Olav und Hedda, die vorbeischauten, um Hallo zu sagen. Edvin hatte Sindre seit Monaten nicht gesehen. Sie rannten aufeinander zu und fielen sich um den Hals. Mama redet noch heute von dieser Begegnung, diese große beiderseitige Wiedersehensfreude hat sie sehr beeindruckt.

Sindre existiert. Olav existiert. In ihnen existiert auch Edvin, als starke und gute Schwingung. Vielleicht brennt sich den Jungen sein Gesicht ein, nicht nur, weil sie ihn so gernhatten, sondern auch, weil er das erste Kind ist, das sie kennen, das nicht mehr lebt. Der Junge, der gestorben ist. Und wer weiß, vielleicht entzündet er ja einen Funken in ihnen. Vielleicht erfinden die beiden tatsächlich irgendwann eine Zeitmaschine, mit der sie zurückreisen und alle warnen können. Sodass wir in Edvins Kopf gucken und den Fehler finden und reparieren können, solange noch Zeit ist.

In ihrer Wohnung im Haus Nummer 10, drei Türen weiter, wohnen jetzt andere Leute. Vielleicht haben sie Kinder. Vielleicht steht ein Junge auf dem Balkon und schaut aus dem dritten Stock hinunter. Kann man da bluten? Kann man da sterben? Vielleicht ist in der Wohnung Kinderlachen zu hören. Vielleicht auch Weinen.

Die Landschaft, durch die wir uns nach Edvin beweg-
ten, war unbekannt. Wir sahen keinen Weg, vor uns
lag alles im Dunkeln. Ich spürte das verzweifelte Bedürfnis,
mehr zu erfahren, uns irgendwo in dieser Landschaft zu
verorten. Ich tat, was ich immer tat, ich las, um Antworten zu finden oder um mich selbst wiederzufinden, wo
es keine Antworten gab. In dieser Zeit war Literatur eins
meiner Hilfsmittel, genau wie beruhigende Naturmedizin,
Wein aus Pappspendern oder freudlose Joggingrunden. Ich
brauchte die Erfahrungen anderer, vermittelt auf eine Art,
die etwas darüber aussagt, wie es für sie gewesen war: der
Schock, die Trauer, ihr Auf und Ab. Wie es ist, wenn Zeit
vergeht und das Laub nicht einmal, sondern mehrmals von
den Bäumen gefallen ist. Ich hörte Podcasts, las Selbst-
hilfebücher und Belletristik, schaute Fernsehprogramme.
Ich googelte »Sohn verloren«, »bereavement of children«,
»Sohn gestorben« und las Interviews mit anderen Eltern,
am liebsten solchen mit Kindern in Edvins Alter. Ich las
von dem reichen Ehepaar in Dänemark, das bei dem Ter-
roranschlag in Sri Lanka drei Kinder verloren hatte. Sie
hatten vier Kinder, und dann nur noch eins. Eins, das alle
Kindheitserinnerungen allein tragen musste. Ich erinnere
mich noch gut an den Vorfall. Drei aufgereihte Särge, mit
Blumenschmuck und gasgefüllten Ballons an einem. Erst
kürzlich hat das Paar zwei neue Kinder bekommen, Zwillinge. Der Vater war schon älter. Wie alt die Mutter war,
stand nirgendwo.

Die Trauerlandschaft lag im Finsteren. Mit jedem Fall, von dem ich erfuhr, über Familien, die ein Kind verloren hatten, sei es durch Krankheit oder einen Unfall, schien in der weiten, dunklen Landschaft ein Licht aufzulodern. Solche Lichter gibt es in jedem Dorf. Sie leuchten in Westnorwegen, in Oslo, in Finnland, in New York und im nördlichen Gudbrandsdal. Jede dieser Flammen steht für den Namen des Kindes. Manche sind schon vor mehreren Jahrzehnten gestorben, andere erst kürzlich. Das geht immer so weiter. Kinder sterben nun mal, die einen an Krankheiten, die anderen durch Unfälle. Sie bekommen einen Ziegelstein an den Kopf oder fallen in einen Fluss. Ich fühlte mich den anderen Familien verbunden. Lernte ich betroffene Eltern persönlich kennen, in einer Trauergruppe oder über gemeinsame Bekannte, schien mir das Atmen gleich leichter zu fallen. Wenn wir uns unterhielten, war es, als sähe ich einen klitzekleinen Teil ihrer inneren Landschaft, was sie alles durchgestanden hatten, die große Liebe zu ihrem Kind und dass auch sie in mich hineinsahen, ohne dass allzu viele Worte nötig waren. Wenn ich mit anderen sprach, die ein Kind verloren hatten, folgte die Unterhaltung stets demselben Muster: Wir erzählten von dem Todesfall, wie es passiert war, Schritt für Schritt, die ersten vierundzwanzig Stunden, wie uns nach und nach klar geworden war, dass keine Hoffnung mehr bestand, Krankenwagen, Klinik, Todesnachricht, dann konnten wir über die Zeit danach reden.

Mit einem Mal waren wir Teil des Trauerklubs, einer Gruppe, der wir nie angehören wollten.

Eins der ersten Bücher, das ich nach dem Wiedereinsetzen meines Kurzzeitgedächtnisses las, war *Hva skal vi med stjernene nå* (Was sollen wir jetzt mit den Sternen), über Espen Olafsen, den Trainer des Ski- und Fußballklubs Lyn

Oslo, der seine Frau und Tochter 2004 im Tsunami verlor. Aus Thailand brachte er nur seinen siebenjährigen Sohn zurück, der die Riesenwelle auf wundersame Weise überlebt hatte. Auch die beiden mussten weiterleben. Olafsen ließ seinen Sohn von dem Geschehenen erzählen, wieder und wieder, jeden Tag jemand anderem, und er selbst tat es ebenfalls. So wurde das Chaos, das ihnen widerfahren war, dieses wortlose Trauma, nach und nach zu etwas Beschreibbarem. Er bezeichnet es als eine Art Brücke, die sie über den entstandenen Abgrund bauten, und so lernten sie mit der Zeit, damit zu leben. Einmal sprach er mit seiner Schwiegermutter, die vor dem Verlust der Tochter und Enkelin bereits einen Sohn verloren hatte. Er war an Krebs gestorben. Sie sagte, nach dem Tod des Sohnes habe es drei Jahre gedauert, bis sie wieder Freude empfinden konnte. Drei Jahre. Drei Jahre ohne Freude, das ist lange, dachte ich, aber es wird schon gehen. Ich hörte den Podcast *Tobias*, über den kleinen Sohn des Komikers Harald Eia und seiner Lebensgefährtin Nadina Bouhlou, der nur 55 Tage alt wurde. *Tun Sie jeden Tag etwas, was Ihnen normalerweise Freude bereitet hätte*, lautete der Rat des Psychologen. Anfangs wird sich das vielleicht mühsam und sinnlos anfühlen, doch eines Tages kann die Freude plötzlich zurückkommen. Mein Therapeut sagte, dass sich zu beiden Seiten des Weges ein Graben befinde. Manche rutschten in den einen, wo der Stillstand der Trauer herrsche, und manche in den anderen, wo man ständig weiterhetzt, um die Trauer zu vermeiden. Zu diesem Zeitpunkt hatte ich gerade erst mit meiner Orientierungsarbeit begonnen. Das Bild mit den beiden Räumen, dem Trauerraum und dem Lebens- oder Selbstbehauptungsraum, ergab durchaus Sinn für mich. Ich war der Meinung, dass Bår und ich und nicht zuletzt Idun durchlässig in unserer Trauer seien, dass wir einen natürlichen Zugang dazu hätten. Das sagte ich auch den Menschen um mich herum. Ich denke, ich bin eine flexibel Trauernde, sagte ich zu meinem Chef, der mir gern irgendwie helfen wollte, aber noch nie erlebt hatte, dass einer Kollegin ein Kind gestorben war. Ich werde schon wieder arbeiten können, sagte ich. Sie müssen an mich glauben. Das war vielleicht ein paar Wochen nach Edvins Tod. Damals wusste ich noch nichts von dem Verschleiß, der sich irgendwann bemerkbar macht, und dass die Trauer, die zu diesem Zeitpunkt heftig und verwirrend war, irgendwann grau und öde wird, als wate man durch einen Sumpf.

Das war, bevor Bår und ich nicht mehr im selben Tempo unterwegs waren. Er stand jeden Morgen um sechs Uhr auf und ging aus dem Haus, um für ein Videoprojekt zu proben, eine Art gesungenen Vortrag, der auf seinem letzten Buch basierte und davon handelte, wie die Computertechnologie unseren Alltag bestimmt. Das Buch war nur wenige Tage nach Edvins Tod erschienen. Nachdem er für seinen Vortrag geprobt hatte, brachte er Idun zur Schule und fuhr anschließend selbst zur Filmhochschule, wo er gerade ein Masterstudium begonnen hatte. Dann kam er nach Hause. Er ging mit Idun zum Sport, genau wie früher, besorgte Material für die letzten Möbel, die noch gebaut werden sollten, bot im Internet Sachen zum Verkauf an, ging einkaufen, staubsaugte und abends kümmerte er sich darum, dass Idun Klarinette übte, schrieb E-Mails, arbeitete an den Interviews, die er jeden Monat für die Zeitschrift *Forskerforum* schrieb. Von sechs Uhr morgens bis neun oder zehn Uhr abends war er beschäftigt. Hin und wieder war er erschöpft, doch er kam zurecht, er brach nicht zusammen. Er gab zu, dass es eine Erleichterung sei, so viel zu arbeiten, dass es ihm oft davor graue, zurück in die Wohnung zu kommen, wo die Trauer eingezogen war und es keinen Ausweg für ihn gab.

Eines Morgens, als Idun zur Schule gegangen war und wir zusammen am Küchentisch saßen, fragte ich ihn, wie lange er den Gedanken an Edvin beiseiteschieben könne, an der Hochschule zum Beispiel. Das war Anfang Oktober, kurz nach den Herbstferien, kurz nach Edvins siebtem Geburtstag, neun Wochen nach seinem Tod. Er sagte, er schaffe es vielleicht eine halbe Stunde, nicht an ihn zu denken. Im Ernst?, rief ich. Mir liefen die Tränen übers Gesicht. Ich sehnte mich danach, einmal loslassen zu können, wie er offenbar. Eine halbe Stunde! Ich selbst hatte zu der Zeit kaum eine Minute, ohne dass Edvins Name in mir klang. Später sagte Bår, wenn er *nicht* an Edvin denke, müsse sein Gehirn viel Kraft aufbringen, um den Gedanken aktiv fernzuhalten. Das sei wohl auch der Grund dafür, dass ihm alles viel anstrengender vorkomme, als er es gewohnt war. Das ergab Sinn. Aber trotzdem, eine halbe Stunde!

Irgendwann sagte ich, er müsse mal einen Gang runterschalten, das gehe so nicht. So viel er zu Hause auch an Aufgaben übernahm, in der Trauer war ich allein. Selbst wenn er sich in der Wohnung befand, war er nie richtig da. Alles, was mit Edvin zu tun hatte, war meine Angelegenheit. Alles Emotionale war meine Angelegenheit. Nachrichten von Menschen in unserem Umfeld, Gespräche mit dem Bestattungsinstitut und anderen Instanzen. Wir mussten uns um ein Grab kümmern, doch die Bestattungsbehörde wollte nur mit Bår kommunizieren, weil er als Zuständiger für Edvins Beisetzung eingetragen war. Aber Bår hatte keine Zeit. Ich war wütend, Edvin war doch nicht nur mein verstorbener Sohn, doch genau so fühlte es sich an, als wäre ich eine verdammte Trauerzentrale, während er einfach mit seinem Leben weitermachte.

Du musst die Interviews für *Forskerforum* streichen, sagte ich. Du musst abends weniger arbeiten, so kann es nicht weitergehen.

Bår hörte mir zu und nickte. Jetzt, da er wieder studierte, lebte er von Ersparnissen. Er brauchte jede Krone, die er verdienen konnte, so war es sowieso schon gewesen, doch jetzt kamen zusätzlich große Ausgaben für die künstliche Befruchtung auf uns zu. Ich wusste, dass ihn unsere finanzielle Lage stresste, auch wenn er nicht viel darüber sprach.

Nach Weihnachten wird es besser, sagte er.

Die monatlichen Interviews legte er eine Zeit lang auf Eis.

Der Unterschied zwischen Bår und mir war für mich sehr deutlich, wenn wir über Edvin nach seinem Tod sprachen. Mir machte der Gedanke an Edvins Körper zu schaffen, der Umstand, dass er tot und kalt in irgendeinem Lager aufbewahrt wurde. Nach der Trauerfeier spürte ich eine gewisse Erleichterung darüber, dass er nun in einem Sarg lag und nicht mehr nur vorübergehend irgendwo war, im Krankenhausbett, in der Kapelle der Uniklinik, in einem Lager bei Helsefyr. Nun war er in seinem Sarg angekommen. Ob er schon zu Asche geworden war, wusste ich nicht, doch ich ging davon aus, dass zwischen Trauerfeier und Kremation nicht viel Zeit vergehen würde. Bår sagte, an Edvins Körper habe er nicht besonders viel gedacht. Es beschäftigte ihn nicht so sehr, wo und in welchem Zustand sich der Leichnam gerade befand. Schon im Krankenhaus sei es für ihn ganz klar gewesen, dass dieser Körper, der dort lag und noch warm war, nichts mehr von Edvin enthielt.

Der Edvin, an den ich denke, sagte er, ist der Junge, der meinen Körper als Klettergerüst benutzt hat. Dann fing er an zu weinen. Seit den allerersten Tagen hatte ich ihn fast nicht mehr weinen sehen.

Der Oktober ist ruhig.

Die Trauer nicht mehr unleidlich. Unhaltbar. Wir leiden. Wir halten aus.

Dann braut sich der Sturm in mir zusammen. Denn wo ist Edvin jetzt?

18. Juli 2021

Ich weiß, dass ich darüber schreiben muss, ich weiß nur nicht, wie. Ich muss über Edvins Körper schreiben. Wie sein toter Körper von Ort zu Ort befördert wurde. Orte waren immer schon wichtig für mich. Sie sind so eng mit der Erinnerung verbunden. Unsere Geschichte ist gleichsam mit Nadeln an Orten festgesteckt, wo wir uns aufgehalten haben. Wo wir gewohnt haben. Unsere Wohnung in Sagene: die »alte«, in die wir mit Idun eingezogen sind und in der Edvin geboren wurde. Die »neue«, das heißt die renovierte, in der wir jetzt wohnen, ohne Edvin.

Warum war es so wichtig für mich zu wissen, wo Edvins Körper sich nach seinem Tod befand? Darin lag eine Form von Kontrolle, wie auch im Niederschreiben der Ereignisse eine Form von Kontrolle liegt. Wo ist der Körper meines verstorbenen Sohnes? Ich habe mehrmals versucht, über die Orte zu schreiben, an denen Edvin war. Vielleicht musste ich zuerst aus Oslo weg, um das zu schaffen. Vielleicht musste Zeit vergehen, bis ich Verbindungslinien zwischen den Orten ziehen konnte. Wir haben Sommerferien und sind unterwegs. Der erste Sommer ohne zwei Kinder auf dem Rücksitz. Von der Ferienhütte sind wir nach Voldsminde, etwas nördlich von Trondheim, aufgebrochen, wo wir in der Wohnung meiner Schwiegereltern übernachten. Dieselbe Wohnung, in der Bår und ich eine Weile wohnten, als wir in unseren Zwanzigern waren. Ich hatte gerade meinen Abschluss in Literaturwissenschaft gemacht, arbeitete auf Station 3 der Psychiatrie Østmarka und schrieb Rezensionen für die Wochenzeitung *Morgenbladet*. Bår bemühte sich um einen Platz am Musikkonservatorium. Plan B war eine Laufbahn als Journalist und Autor.

Das war, bevor es uns an neue Orte verschlug: nach Bø in Telemark, nach Oslo. Bevor wir nach Tøyen zogen und Idun bekamen. Nach Sagene, wo Edvin zur Welt kam. Zum Teil stehen hier noch Möbel von uns, die Wände haben dieselbe Farbe wie früher, nur wenig hat sich verändert, bis auf die neuen Bilder an den Wänden und die Küche, die seit damals etwas abgenutzter ist. Ich dachte, es sei Unsinn, über Edvins Orte zu schreiben, doch der Gedanke hält sich hartnäckig, er taucht immer wieder auf. Elf Monate nach seinem Tod sitze ich im Wohnzimmer unserer alten Wohnung, die Tür zum Balkon ist geöffnet, ich blicke auf eine graue Hauswand und den bewölkten Himmel, und vor dem inneren Auge ziehe ich Linien zwischen all den Orten in Oslo, unseren festen Orten, an denen wir immer mit den Kindern waren, den Spielplätzen, dem Gemeindehaus in Sagene, dem »Kaffebrenneriet« – und den Orten, an denen sein Körper nach dem Tod aufbewahrt wurde, bis zum nächsten Weitertransport.

Die ersten paar Tage war Edvins Körper im Uniklinikum. Tote Körper sollten dort nicht so lange bleiben. Am Tag, nachdem das Beatmungsgerät abgeschaltet worden war, wurde Edvin in die Kapelle der Klinik überführt. Dort lag er auf einer Bahre in einer Box im Kühlraum. Bis zur Trauerfeier lag er dort, in einem Gebäude gleich neben dem Trakt, in dem sowohl er als auch Idun zur Welt gekommen waren. Wenn ich abends auf der Bank an seinem Grab saß, konnte ich die hell erleuchteten Krankenhausgebäude im Hintergrund sehen. Das Laborgebäude 25 überragte die anderen, wie ein gräulicher, neutraler Riese hinter hohen, schlanken Bäumen.

Ich hätte ihn gern bei uns zu Hause gehabt, doch sein Tod kam so plötzlich, und uns wurde nie mitgeteilt, dass es diese Möglichkeit gegeben hätte. Es wäre auch gar nicht gegangen, die Wohnung war ja noch eine Baustelle. Mir kam es unnatürlich vor, so weit weg von ihm zu sein. Ich machte Spaziergänge durch Sagene, versuchte meine innere Unruhe zu dämpfen, und meine Füße trugen mich zum Laborgebäude, wo Edvin noch war, wie ich dachte. Ich fühlte mich wie eine dieser verrückten Frauen, die bei Marguerite Duras im Hintergrund herumgeistern, rastlos und auf der Suche nach meinem geliebten verstorbenen Jungen. Ich ging an der Kantine auf der Entbindungsstation vorbei, wo ein paar frischgebackene Mütter im Halbdunkel saßen, ihr Neugeborenes im durchsichtigen Rollbettchen neben sich. Ging am Laborgebäude vorbei, wollte ein bisschen dort sitzen, auf der Treppe, doch als ich den Wächter vor dem Tor sah, ging ich schnell weiter. Ein paar Tage nach Edvins Tod waren wir dort gewesen, um ihn zu sehen. Wir waren da, sahen Edvin und berührten und küssten ihn noch einmal. Er war genauso schön wie vorher, aber so kalt. So weiß. Ein weiteres Mal konnte ich das nicht, ich brachte es nicht über mich, darum zu bitten, hatte Angst, er könnte sich verändert haben, war mir sicher, das eine Mal wäre genug. Doch so war es nicht. Es ließ mir keine Ruhe, dieses Gefühl, dass ich über ihn wachen sollte, auf seinen Körper aufpassen, im selben Raum sein wie er, nur ein allerletztes Mal, bevor es zu spät wäre. Aber ich brachte es nicht fertig.

Beim letzten Treffen mit Hege, der Bestatterin, brach ich zusammen und erklärte ihr mein Problem, Rotz und Wasser heulend. Aber er ist gar nicht mehr da, sagte sie.

Schon vor ein paar Tagen sei Edvin in eine Kapelle in Helsefyr überführt worden, erklärte sie mir. Ach was, entgegnete ich. In Helsefyr. Das hatte ich nicht mitbekommen. Sie sprach von einer Kapelle, aber ich sah vor mir, was ich mit Helsefyr verband, Gewerbegebäude und Lager, dass Edvin in einem Kühlraum lag, mehrere Kilometer entfernt. Sie sagte, wenn ich zu ihm wolle, könne mich ein Kollege vom Bestattungsinstitut mitnehmen, der am Abend dorthin fuhr.

Aber das wollte ich ja auch nicht, am Abend vor der Trauerfeier mit irgendeinem Fremden im Auto sitzen und dem Körper meines verstorbenen Sohnes hinterherjagen. Ich musste bei Idun sein, Kraft sammeln. Es war hoffnungslos. Ich musste ihn sehen und konnte ihn nicht sehen.

Aber ich habe ihn gesehen, sagte Hege. Wirklich?, fragte ich. Ich bat sie zu erzählen, was sie gesehen hatte. Sie beschrieb mir Edvin im Sarg. Er trug den Harry-Potter-Pullover, hatte den Fuchs und den kleinen Teddy an der Brust, sagte sie. Und den selbst gestrickten Pullover von Mama unterm Arm. Lag sein Haar gut?, fragte ich. Ja, mit dem Haar sei alles in Ordnung gewesen. Ich wollte nicht, dass es brav zur Seite gekämmt war, so sonntagsschulmäßig. Er ist ein sehr hübscher Junge, sagte sie, und aus ihren großen, ausdrucksvollen Augen liefen Tränen. Es ist schwer zu beschreiben, was es mit mir machte, dass *sie* in Helsefyr gewesen war, dass sie gesehen hatte, wie Edvin im Sarg lag, rein und unversehrt. Dass sie mir davon erzählen konnte. Das Wort Spiegelung kommt mir in den Sinn. Ich konnte mich wohl in ihr spiegeln, nicht nur aufgrund ihrer Worte, sondern auch wegen der Tränen. Dort, in diesem vornehmen Zimmer des Bestattungsinstituts, wo wir Coronabeschränkungen und die endgültige Gästeliste für die

Trauerfeier durchgingen, konnte ich mein Schluchzen unter Kontrolle bringen und mich einigermaßen beruhigen.

Dann hast du ihn für mich gesehen, sagte ich, dann brauche ich nicht dorthin.

Das Auto, das Edvin nach der Trauerfeier abtransportierte, fuhr zum Krematorium Alfaset, in der Nähe von IKEA. Ich akzeptierte es, dass er dort war, dass er nur wenige Tage später kremiert werden würde. Dann wusste ich wenigstens, wo er sich befand. Anfang Oktober spürte ich, wie sich erneut Unruhe in mir zusammenbraute. Warum war Edvins Urne *dort* und nicht hier, bei uns? Sie gehörte doch zu uns. In mir brannte es, mir schien es unabdingbar, die Urne zu bekommen, für mich stand sie für *ihn*, ich wollte *ihn* bei uns haben, bis alles bereit für die Beisetzung war. Wieder musste Bår mit der Behörde telefonieren und sich erkundigen, sowohl nach dem Datum für die Beisetzung als auch danach, wann wir die Urne abholen konnten. Nach einigem Hin und Her sagte Hege, sie wolle mal schauen, was sie für uns tun könne. Wir könnten die Urne im Bestattungsinstitut, nur ein paar Hundert Meter von unserer Wohnung entfernt, abholen, hieß es, und wir könnten sie übers Wochenende behalten. Formalitäten sahen vor, dass wir die Urne vor der Zeremonie wieder ablieferten. Ich wusste, dass das nicht geschehen würde. Um nichts in der Welt würde ich die verdammte Urne wieder hergeben, bis sie unter die Erde kam.

Der Trotz machte mich aufmüpfig. Dies war die einzige Form von Rebellion, die ich ausleben konnte, das Festhalten an der Urne meines Sohnes. Sollten sie es nur wagen.

Ich glaube nicht, dass sie deshalb hier klingeln kommen, sagte Bår. Das wird sicher kein Problem.

An einem Donnerstagnachmittag, eine Woche vor der Beisetzung, kam Bår mit der Urne im Rucksack nach Hause.

Oh, Edvin!

Diese schlichte weiße Urne – schwer, wenn man sie hielt, glatt, wenn man darüberstrich. Der Anblick ließ mich gleich wieder aufheulen, ich konnte es nicht unterdrücken, wie von selbst brach es aus meiner Kehle hervor.

Oh, mein Junge!

Es war schwer zu begreifen, dass alles, was von ihm übrig war, in diesem Gefäß lag. Asche und kleine Knochenstücke. Wie schrecklich. Ich wollte mich zusammenreißen, Idun zuliebe, doch es gelang mir nicht. Sie legte mir ihre kühle schmale Hand auf den Arm, wie immer, wenn ich weinte. Sie kletterte auf die Arbeitsplatte, und mir war klar, dass sie mir Tee holen wollte, oder warme Milch. Was du lieber möchtest, sagte sie. Wie verwirrend es gewesen sein muss, die eigene Mutter so zu sehen, in Tränen aufgelöst, fast nicht ansprechbar. Was war mit Idun selbst?

Ich versuchte, ihr etwas zu sagen, dass sein Körper zwar nicht mehr da sei, aber seine Seele immer in unseren Herzen wohne. Er ist nicht weg, entgegnete Idun. Was?, sagte ich. Sein Körper ist nicht weg. Wo ist er denn?, fragte ich. In uns drin, antwortete sie.

Nach kurzem Zögern nahm sie die Urne zwischen die Beine, besah sie von allen Seiten. Dann holte sie Bastelsachen und begann, die Urne zu verzieren. Klebeband in Regenbogenfarben, Harry-Potter-Aufkleber, Schmetterlingsstempel und Sprüche in Schönschrift.

VERMISSE DICH MEHR ALS ALLES ANDERE. DU BIST EINE SONNE IN UNSEREN HERZEN.

Eine Woche war die Urne in unserer Wohnung. Wir

stellten sie auf den kleinen Edvin-Tisch zwischen Küche und Wohnzimmer.

Als der Samstagabend kam, schauten wir mit Tone und Andreas eine Unterhaltungssendung im Fernsehen. Wir saßen auf dem Sofa, einer neben dem anderen, beide Kinder an Tone gelehnt. Eine Weile betrachtete ich die Urne. Edvin soll auch mit dabei sein, sagte ich, ein wenig beschämt, denn das war ja schon etwas seltsam. Doch ich stellte seine Urne ans Ende des Sofas. Sobald er dort war, empfand ich so etwas wie *Ruhe*, oder eine Art Ruhe in der Unruhe, als näherten wir uns auf diese Weise einem normalen Samstagabend mit den Kindern, seit Langem wieder alle zusammen.

Am Tag darauf war Halloween. Idun hatte Andreas und das Nachbarmädchen Filippa zu einer Party eingeladen, die sie mit Feuereifer vorbereitete. Wir höhlten Kürbisse aus, machten Monster-Muffins und Fingerwürstchen. Auch Tone und ich waren verkleidet und grotesk geschminkt. Ich sah aus wie eine prostituierte Hexe. Idun und Andreas hatten Totenkopfgesichter. Filippa kam als der Tod, in einem langen schwarzen Gewand und mit Plastiksense. Inmitten verkleideter Kinder, Totenkopf-Deko und Spinnweben stand Edvins Urne.

Heutzutage hält man keine Totenwache mehr, wie früher, als man die Leiche auf Stroh bettete, im Wohnzimmer oder in der Scheune, und bis zur Beerdigung Tag und Nacht über sie wachte, damit der Teufel nicht Besitz von der Seele ergriff. Ich konnte Edvin nicht noch einmal sehen. Seine Urne bei uns zu Hause zu haben, war die größtmögliche Annäherung für uns. Wie ein verspäteter Besuch am Totenbett. Die verzierte weiße Urne stand zwischen Wohnzimmer und Küche, gut sichtbar vom Esstisch. Wir gingen zur Arbeit und zur Schule, und wenn wir nach Hause kamen, zündeten wir eine Kerze auf dem Edvin-Tisch an. Wir gewöhnten uns daran, genau wie die wenigen Gäste, die zu uns kamen.

Eine Woche später sollte die Asche beigesetzt werden. In der Zwischenzeit waren wir noch einmal im Krankenhaus gewesen und hatten das Zimmer gesehen, in dem er nach seinem Tod gelegen hatte. An der Wand stand ein neues, frisch gemachtes Bett. Ich sah das leere Bett, sah Edvin mit zur Seite geneigtem Kopf im Bett liegen, Schläuche in Nase und Mund. Der Körper erinnert sich, mit einem Mal war es wieder der Abend des 10. August. Ich sah seinen friedlichen Gesichtsausdruck, das zur Seite gestrichene Haar, ich sah uns voller Verzweiflung bei ihm sitzen.

Die Urnenbeisetzung war wie eine zweite Trauerfeier, und dieses Mal verstanden wir, was hier geschah. Nun hatte Edvin ein Grab bekommen, es fehlte nur noch ein Grabstein. Bis auf Weiteres stand dort eine hübsche Eule aus Holz, die Großvater geschnitzt hatte. Inga Nella und Elisabeth und die Hündin Cherry kamen nach Oslo, um dabei zu sein. Tone war da, Idun, Bår und ich. Und Julie, die Friedhofsangestellte. Als wir zum Grab kamen und ich das Loch in der Erde sah, in das die Urne hinabgelassen werden sollte, fing ich unwillkürlich an zu schluchzen. Es war so schwer, ihn fortzugeben. Im Krankenhaus, nach den Besuchen am Totenbett, bei der Trauerfeier und jetzt, da er zu Asche geworden war. So schwer, das Letzte, was von dem guten, geliebten Körper übrig war, gehen zu lassen. Darum ging es also bei meinem Festhalten an seiner Leiche, wird mir nun klar, während ich diese Zeilen schreibe. Zum ersten Mal schreibe ich das Wort *Leiche*, mir wird übel davon. Edvin. Ich griff nach ihm, wieder und wieder, weigerte mich, ihn loszulassen, ließ ihn los, durfte ihn erneut haben und musste ihn abermals loslassen. Mein Weinen löste ein heftiges Nasenbluten aus, das Blut lief mir nur so über Mantel, Gesicht und Hände und in die Ärmel meines Kleides. Julie musste schnell Taschentücher holen gehen. Ich versuchte, es wegzulachen, es sei keine Absicht, die Aufmerksamkeit auf mich zu ziehen, witzelte ich.

Bår ließ die Urne ins Loch hinab, wir standen drum herum, als kleines Grüppchen, und weinten. Tränen und Blut tropften in die Erde.

13. Oktober 2020

Ich will sie nicht, die Erinnerungen, ich will den ganzen Jungen die schönen Hände die Fußsohlen die sich streckten sodass man in dem fast sieben Jahre alten Körper schon einen erwachsenen Mann erahnen konnte das Licht in deinem Auge von der Sonne die durchs Fenster fiel die Bewegungen deines Körpers auf dem Weg von einem Zimmer ins andere ich will keine Videos oder Bilder ich will dich lebendig frech hungrig mit Haaren und Nägeln die wachsen.

s ist Samstag, der 30. Januar, ein neues Jahr. Draußen singen jetzt die Spatzen, an den Fliederbäumen von Gut Vøienvolden sprießen winzige Knospen. Wir befinden uns mitten in unserem ersten IVF-Versuch. Acht Eizellen wurden mir entnommen und mit Spermien aus Bårs Hoden zusammengebracht.

Vielleicht trage ich gerade eine befruchtete Eizelle in mir, einen Embryo, vielleicht hat sich das Ei auch nicht eingenistet und weiterentwickelt. Das erfahre ich in drei Tagen. Ich bin möglicherweise schwanger, und ich bin wütend. Es macht mich bitter, dass alle um uns herum ihre Kinder noch haben. Die allermeisten verlieren ihre Kinder nicht. Warum mussten wir dann Edvin verlieren? Warum musste ausgerechnet er sterben, während die anderen neunjährigen Mädchen ihre sechsjährigen kleinen Brüder behalten durften? Nachts habe ich Cherry dicht bei mir, Elisabeths Hündin, die wir immer noch ausleihen. Sie liegt zusammengerollt da, den Rücken an meiner Brust, ich spüre ihren Atem, und auf der anderen Seite höre ich Iduns gleichmäßige Atemzüge, ganz leise. Wenn ich nachts so zwischen den beiden liege, herrscht eine Art Ruhe. Bår hat eine Hundehaarallergie. Wenn Cherry zu Besuch ist, schläft er in Iduns Zimmer auf einer Matratze auf dem Fußboden. Er ist dann müder als sonst und hat juckende, gerötete Augen. Aber er beklagt sich nicht.

Es gibt nichts Schlimmeres, als ein Kind zu verlieren. Das sagen alle. Alle, die »unsere Geschichte« hören, bemitleiden uns. »Unsere Geschichte«, ich hasse es, wenn sie das sagen. Das ist keine Geschichte, das ist unser Leben, unser Junge, wir erzählen hier verdammt noch mal keine Geschichte, um andere zu rühren. Gerührt sind sie, und äußerst betroffen. Manche sagen, sie werden ihre Kinder von jetzt an noch öfter in den Arm nehmen. Ich will davon nichts hören, will ich nicht! Sie haben Kinder (in der Mehrzahl), die sie abends umarmen und zudecken können. Erzähl mir nicht, dass dir das vor Augen führt, was wirklich wichtig ist in deinem Leben. Eine bedankt sich bei mir, weil sie den Moment jetzt mehr wertschätzen kann, anstatt sich über Kleinigkeiten aufzuregen. Als hätten wir Edvin geopfert, damit sie ihre Kinder besser sehen. Sie sagen: »Nein, ich werde nicht mehr jammern.« Oder: »Wenn ich mir vorstelle, was ihr durchgemacht habt, werde ich nicht mehr jammern.« Die, von denen so etwas kommt, haben zwei oder drei oder vier Kinder, aber von jetzt an werden sie die Unordnung und den Schlafmangel und ihr schlechtes Liebesleben einfach hinnehmen. Sie werden es sich nur noch schön mit ihren Kindern machen, denn sie haben ja keins verloren, so wie wir. Letzteres sagen sie nicht. Das brauchen sie auch nicht. Sie sagen, wenn sie an uns denken, sehen sie ihr Leben mit anderen Augen.

Das ist noch zur Zeit des Schocks, zu diesem Zeitpunkt antworte ich irgendwas Pädagogisches in Richtung: Ja, wir alle sollten den Alltag mehr wertschätzen und bla bla bla, was ja auch durchaus richtig ist, ich mache jetzt jeden Tag einen auf carpe diem und betrachte nichts als selbstverständlich, und ich will auch niemandem etwas Böses und will nicht, dass noch mehr Kinder sterben, aber jetzt, nach fast einem halben Jahr, habe ich nicht mehr die Geduld, mir all die klugen Sachen von Leuten anzuhören, die nur sich selbst sehen, nicht mich und uns, nicht Edvin. Ich bin dabei zu verbittern, so sieht es aus. Es ist Coronazeit. Es ist still, und das Leben der anderen geht weiter, mit all ihren Kindern. Sie haben Alltagsprobleme, Sorgen, die völlig unbedeutend sind. Ich weiß noch gut, wie ich in der Mittagspause auf der Arbeit immer Anekdoten über unsere PROBLEME mit zwei kleinen Kindern zum Besten gegeben habe, wie unordentlich es sei, wie stressig, wie extrem viele Weihnachtsfeiern gegen Ende des Jahres zu absolvieren seien. Manchmal hatte ich das Gefühl, keine Luft mehr zu bekommen, es war so klaustrophobisch zu Hause, ich kam zu nichts anderem mehr als zu waschen und Sachen aufzuheben, die andere auf den Boden geworfen hatten. Und jetzt? Es ist immer noch unordentlich bei uns, aber nicht so wie früher. Es ist ruhiger. Es ist leerer. Weniger Sachen, weniger Kleidung zu falten. Drei Stapel anstatt vier. Idun ist in der Eishalle, und Bår ist mit frischen Waffeln hinterhergefahren. Ich ertrage den Gedanken nicht, die anderen Eltern in der Halle zu treffen, Smalltalk zu führen, ihre kleinen Jungs zu sehen. Natürlich würde mir genau das guttun, mich mit Leuten zu unterhalten, Smalltalk in der Eishalle, aber ich schaffe es nicht. All die großen Schwestern und kleinen Brüder. Wir treten auf der Stelle, es ist so mühsam. Fast sechs Monate nach seinem Tod kommt mir das Leben so gut wie sinnlos vor. Wenn Idun nicht wäre, könnte ich auch einfach sterben. Ich bin eine lebende Tote und weiß nicht, wie ich mich zurück ins Leben bringen soll. Die anderen leben, ich bewege mich nur mechanisch umher. In mir herrscht Stille, eine stille, schwelende Wut, denn es ist so verdammt unfair.

Ich fühle mich, als käme ich aus einem Kriegsgebiet, als hätte ich gesehen, was andere nicht sehen, und überlebt, aber wozu? Dem Krieg entkommt man nicht, man trägt ihn in sich. Ich gehe die Straße hinunter und fühle mich wie Saga Norén in der Serie *Die Brücke*. Was immer sie mir entgegenschleudern, es prallt an mir ab, so hart bin ich. Ich bin eine Soldatin mit äußerst unklarem Feindbild und kann mir nur die Haare raufen. Was andere denken und meinen, ist mir nicht mehr so wichtig, ich muss das Richtige tun, kann mich nicht mit dem Falschen aufhalten, meine Zeit mit falschen Leuten oder Dingen verschwenden. Aber was heißt das schon? Ich will ja auch nur, dass die Tage vorübergehen und es Nacht wird und die Wochen vorübergehen und es Frühling wird, und aus Frühling wird Sommer und aus Sommer Herbst, und dann haben wir ein Jahr hinter uns.

Mit einem Knarren setzt sich die Zeit wieder in Bewegung. Ganz konkret hängen wir die alte Uhr an die Küchenwand, bei jeder Sekunde gibt sie ein Ticken von sich. Urnenbeisetzung. Bestattungsbehörde. Die Treffen im Krankenhaus. Telefonate mit dem Sozialamt, das Kindergeld einstellen lassen. Sein Name, der aus dem Lernportal der Schule verschwindet. Aus dem Gesundheitsportal. Mit einem Mal umfasst meine Fürsorgepflicht nur noch ein Kind, nicht mehr zwei. Die Maschinerie dreht und dreht sich, sie zwingt uns weiter, schiebt uns vorwärts. Immer wieder legen sich neue Erfahrungen zwischen DAS und JETZT, zwischen uns und Edvins Tod. Zwischen uns und Edvin? Da zögere ich. Ich will nichts lieber, als meinen Jungen weiter bei mir zu haben, aber dem Schrecklichen möchte ich gern entkommen. Wir haben keine Wahl. Wenn wir überleben wollen, müssen wir uns weiterschieben lassen. Wenn wir versuchen, die Zeit einzufrieren, dann frieren wir in der Trauer fest. *Eine erstarrte Trauer.* Beim Gedanken daran, in der Trauer zu erstarren, läuft es mir kalt den Rücken hinunter. Ich sehe ein großes Wandgemälde vor mir, ein Klavier, das nicht mehr gespielt wird. Staub, der alles bedeckt.

Diesen Winter und Frühling gibt es Inseln der Ruhe. Die Konzentration steigt. Wir lachen öfter. Hin und wieder verspüre ich einen Anflug von Freude. Dann ist der Sommer da, die kleinen Jungen kommen in Shorts und T-Shirt aus den Häusern gelaufen, und ich sehe, wie eine Mutter ihrem kleinen Sohn eine Kugel Eis kauft, und während ich die beiden sehe, wird mir klar, dass ich Edvin nie mehr ein Eis kaufen werde. Oder ich radle zur Schule, um Idun etwas zu bringen, das sie vergessen hat, und begegne einer Gruppe Kinder. Lächelnd mache ich ihnen Platz, da sehe ich, dass es Edvins Klasse ist. Mehrere Kinder rufen mir Hallo zu. Johanne, die Lehrerin, schaut mich mitfühlend an. Es ist wieder Juni, und für die Zweitklässler geht es aufs Ende des Schuljahres zu.

Vielleicht haben wir es gerade geschafft, uns ein Stück vom Zentrum zu entfernen, doch dann werden wir zurückgespült. Wir sind eine verletzte Familie, denke ich, nicht nur wir drei, auch die Großeltern, Cousins und Cousinen, Onkel und Tanten. Wir tun unser Bestes, aber wir tragen schwere Verletzungen.

Auf dem Friedhof Nordre gravlund steht mittlerweile der Grabstein. Er ist glänzend schwarz und einen halben Meter hoch. Zu Weihnachten und Ostern haben wir das Grab entsprechend geschmückt, und im Sommer haben wir wunderschöne Blumen gepflanzt. Wir waren siebenbis achtmal verreist. Immer wenn Schulferien waren, sind wir aus der Stadt gefahren, und mit der Zeit habe ich mich daran gewöhnt, für drei zu packen, Edvins Zahnbürste im Bad stehen zu lassen. Das noch im Herbst ständig vorhandene Gefühl, ich hätte ihn an einem Bahngleis stehen sehen, während wir ohne ihn in den nächsten Zug stiegen, ist verblasst, und damit auch das Gefühl, dass ich als Mutter versagt habe, dass ich auf mein Kind hätte achtgeben müssen und es nicht geschafft habe.

Als Bår seine Rede für die Trauerfeier schrieb, suchte er das Nachwort zu Robert Pirsigs Buch *Zen und die Kunst ein Motorrad zu warten* heraus. Bår war vierzehn, als er es zum ersten Mal las. In Pirsigs Nachwort steht, dass der Junge, der in dem Buch seinen Vater begleitet, nicht mehr lebt. Der Sohn Chris starb zehn Jahre nachdem das Buch geschrieben wurde. Am 17. November 1979 wurde er auf der Straße in San Francisco erschossen. »Ich lebe weiter, in erster Linie aus Gewohnheit.« Für Pirsig war es unfassbar, dass Chris einfach nicht mehr da war. Was Bår bei seiner ersten Lektüre als Vierzehnjähriger am nachhaltigsten beeindruckt hatte, war die Beschreibung des Autors, was der Sohn eigentlich für ihn war. Es sei nicht so sehr der physische Körper, den er vermisse, schreibt Pirsig, sondern das komplexe Muster all dessen, was sein Sohn gesagt, getan und gedacht habe. Für Bår war das eine zutiefst verblüffende Einsicht. Dass jemand, der nicht ans Jenseits oder die Seele glaubte, trotzdem der Auffassung sein konnte, ein wichtiger Teil des Menschen existiere nach dem Tod weiter.

Pirsig schreibt von einem Muster, das größer als Chris und er selbst sei. Auch nach dem körperlichen Verschwinden seines Sohnes gebe es dieses Muster. »In seine Mitte war ein riesiges Loch gerissen worden, und das war die Ursache all dieses Kummers.«

Als Bår seine Rede auf der Trauerfeier hielt, mit großer Klarheit und Einsicht, und die Leute anschließend kamen und sagten, das seien so bewegende Worte gewesen, da dachte ich: Ja, stimmt, aber wie kann er mit solcher Distanz von Edvin reden, wo wir doch mitten im Abgrund stehen, wo Edvins Körper in dem Sarg dort liegt, nur zehn Tage, nachdem er noch herumgelaufen ist und zum ersten Mal ein Rad geschlagen hat und das Blut in seinen Ohren rauschte? Ich lese die Rede erneut und kann es nach wie vor nicht verstehen. Darin schreibt Bår, er kenne einen Ort, an dem Edvin sei, »und das sind die fast sieben Jahre, in denen er gelebt hat. Er ist immer noch in der Zeit, nur an einer anderen Stelle der Zeitachse als wir jetzt. Und in diesen sechs Jahren geht es ihm gut, diese fast sieben Jahre sind von Leben und Freude und Liebe erfüllt. Das ist für mich der andere Ort. Das war alles, was er kannte, und dort geht es ihm gut. Das sagen mir die Erinnerungen.«

So kapselte er Edvin in der Vergangenheit ein, und damit kam ich überhaupt nicht zurecht. Unser Sohn, der Junge aus Fleisch und Blut! Wie konnte Bår schon *dort* sein? Bår redet besser als der Pfarrer!, sagte mein Schwager. Andere sagten, die Rede habe ihnen zu Erkenntnissen in ihrem eigenen Leben verholfen. Ich aber hegte nur eine einfältige Wut. Oder konnte ich im Ernst sauer darüber sein, dass er eine so kluge und einsichtsvolle Rede hielt, nur weil ich selbst im Sumpf feststeckte? Als ich darüber schreibe, teile ich meine Gedanken mit Bår. Er sagt, die Rede spiegele nicht wider, was er zu diesem Zeitpunkt dachte und fühlte. Sie bringe zum Ausdruck, worauf er gehofft habe.

Im Internet finde ich Pirsigs Nachwort. Es enthält auch Dinge, die Bår aus seiner Rede weggelassen hat, weil sie auf eine Art in die Zukunft wiesen, für die Bår noch nicht bereit war: ein neues Leben. Das Muster, so Pirsig, suche nach etwas Materiellem, woran es sich heften kann, und finde nichts. Das sei der Grund, weshalb Trauernde so großen

Wert auf Grabsteine legen und so sehr an allen materiellen Dingen hängen, die dem Verstorbenen gehörten oder ihn repräsentieren. Das Muster möchte sich an etwas Materielles binden. Eine Weile nach dem Tod des Sohnes wurde Pirsigs Frau unerwartet schwanger, und sie beschlossen, das Kind zu bekommen, auch wenn es nicht geplant und er bereits über fünfzig war. Die Erinnerungen an den Sohn waren zwar da, doch Pirsig klammerte sich nicht mehr an das *Materielle*, das den Sohn repräsentierte. »Das Loch im Muster wird nach und nach geflickt«, heißt es. Als Bår zu Hause am Schreibtisch saß und an seiner Rede schrieb, müssen wir schon über ein neues Kind gesprochen haben. War unsere Entscheidung da bereits gefallen? Ich weiß noch, dass ich am Tag der Trauerfeier meine Menstruation bekam. Ich sah das Blut und fragte mich, wie ich das deuten solle, ob es ein Zeichen sei, dass das Leben weiterging, oder ob es ebenso willkürlich wie so vieles andere sei. Kann das Loch, das Edvin hinterlassen hat, jemals geflickt werden?

In einer Fernsehsendung zum Thema Trauer sehe ich ein Interview mit Ada Sofie Austegard, der Mutter der achtjährigen Stine Sofie, die in Baneheia bei Kristiansand ermordet wurde. Ada Sofie hatte einen Zwölfjährigen zu Hause und ein Baby, das sie nicht wickeln konnte. Die Tochter und eine Freundin waren vergewaltigt und dann umgebracht worden. Ada Sofie musste die Zeitungen vor ihrem zwölfjährigen Sohn verstecken und versuchen, ihm zu erklären, dass ihn keine Schuld treffe. Er war an dem Tag zu Hause geblieben, um den neuen Computer seines Vaters auszuprobieren, anstatt mit den Mädchen spazieren zu gehen.

Ada Sofie erzählt, dass ihr nach dem Tod der Tochter fast ein Jahr lang immerzu übel gewesen sei. Sie habe am ganzen Körper Schmerzen gehabt. Doch nach einiger Zeit, etwa ein Jahr später, habe sie gespürt, wie die physischen Schmerzen und die Übelkeit allmählich nachließen. »Das definierte ich so, dass die eiserne Klaue der Trauer langsam von mir abließ. Es hat einige Jahre gedauert, bis ich mich traute, ganz ehrlich zu sein, und es war ja auf eine Art das Schlimmste, was ich sagen konnte, dass ich nicht mehr um Stine trauerte. Da kann ich jetzt ehrlich sein. Ich trauere nicht um Stine.«

Ihrer Auffassung nach wird die Trauer irgendwann durch Sehnsucht ersetzt. »Sehnsucht kann furchtbar schmerzhaft sein. Sie kann auch physisch wehtun, aber nicht so lange. Und sie ist nicht die ganze Zeit da.«

Ich griff mit beiden Händen nach ihren Sätzen. Was gab sie mir da? Ihre Worte über die Trauer klangen einsichtsvoll und rational. Sie habe jetzt ein gutes Leben, sagt sie. Ich schickte meiner Schwester und meiner Mutter den Link zum Interview und bat sie, sich die Sendung anzuschauen. So will ich auch sein, dachte ich, so stark wie sie. Und dann heißt es, von der Frau, die eine Tochter verloren hat: »Wir verkraften so wenig, finde ich. Es gehört nun mal zum Leben dazu, dass wir Menschen verlieren.«

Kurz nach Edvins Tod bekamen wir Besuch von zwei Frauen vom örtlichen Krisendienst, die uns sagten, von dem, was wir erlebt hatten, sei nicht zu erwarten, dass es verkraftet werden kann, und deshalb hätten sie eben einen Apparat, der uns genau dabei helfen soll. Ich stutzte über den Wortlaut, es sei nicht zu erwarten, dass es verkraftet werden kann. Damals war ich verwirrt. Vielen erging es schlimmer als uns: Selbstmord war schlimmer. Mord auch. Edvin hatte ein gutes Leben gehabt, dann war er gestorben. Irgendwo habe ich mal gelesen, am schlimmsten sei es, ein Kind im Alter von sechzehn zu verlieren. Statistisch gesehen. Es gab Eltern, die zwei Kinder verloren, oder das einzige, das sie hatten, und dann allein zurückblieben. Wir hatten Idun. Zu dieser Zeit konnten wir schlicht und einfach nicht begreifen, was Edvins Tod *eigentlich* bedeutete und welche Reaktion von uns zu erwarten war. Würde ich in der Psychiatrie landen oder Alkoholikerin werden? Würden wir zugrunde gehen oder zurechtkommen?

Dann kam Ada Sofie, die etwas noch Schlimmeres erlebt hatte, und sagte, so etwas müsse man verkraften. Das können Betroffene sagen, die etwas Ähnliches erlebt und in denselben Abgrund geblickt haben wie wir. Sei stark, können sie sagen, du schaffst das! Und zwar können sie es deshalb sagen, weil sie selbst in der Landschaft umhergegangen sind, durch die wir uns gerade bewegen.

Am 17. Februar, sechs Monate nach Edvins Tod, erhielten wir die Nachricht, dass der Obduktionsbericht endlich vorlag. Wir fuhren ins Krankenhaus, zur Kinderintensivstation in der dritten Etage. Ich spürte die Angst im ganzen Körper. Durch die Korridore, vorbei an dem Balkon, auf dem wir im August standen, um frische Luft zu schnappen. Während wir im Gang auf den Arzt warteten, dachte ich, dass ich nicht weinen wollte, wenn er käme. Bår ging zur Toilette. Wieso braucht er nur so lange, dachte ich. Lässt mich hier mit meiner Angst ganz allein. Vom Pflegepersonal, das vorbeiging, erkannte ich einige Gesichter wieder.

Wir saßen auf dem Sofa im Angehörigenraum, einem riesigen roten Sofa, das vorher nicht da war, und besprachen ein weiteres Mal, was mit Edvin geschehen war. Der Arzt ging alles Schritt für Schritt durch. Er begann mit ihrer Hypothese, dass Edvin ein Aneurysma, eine angeborene Aussackung in einer Arterie, hatte. Die Blutung sei sechs mal sechs Zentimeter groß und der Druck sehr hoch gewesen. Und dann sagte er, wenn es ein Aneurysma gewesen wäre, hätte der Pathologe den Ursprung der Zerstörung ausfindig machen können. Wir fragten uns, wann er zum Punkt kommen würde.

Also was war es dann?, fragte ich schließlich. Das wussten sie nicht. Sie konnten den Grund für Edvins Hirnblutung nicht finden. Möglicherweise sei ein kleineres Blutgefäß geplatzt, eine der Arterien, die dem Gehirn

Blut zuführen. Das müsse nicht unbedingt eine bestimmte Ursache gehabt haben, die Arterie muss auch nicht unbedingt beschädigt gewesen sein. Manchmal habe so etwas mit hohem Blutdruck zu tun, aber das hätten sie ausgeschlossen.

Ein anderer Arzt erklärte uns später, es komme gar nicht so selten vor, dass keine Ursache gefunden wird. Nach so einer Blutung ähnele das Gehirn einer Brandstätte, meinte er. Die Blutung verwische die Spuren, sodass nicht mehr nachzuvollziehen sei, was passiert ist.

In den folgenden Tagen machte sich bei Bår und mir Verwirrung breit, denn was sollten wir uns jetzt über Edvins Tod erzählen, und was sollten wir Idun sagen? Wieder saßen wir ohne Antwort da. Im ersten Moment empfand ich vielleicht eine gewisse Erleichterung. Edvin hatte also keinen angeborenen Hirnschaden. Das heißt, seinem Tod lag nichts Vererbbares zugrunde. Wir brauchten uns keine Sorgen zu machen, dass mit Idun womöglich dasselbe geschehen würde. Edvin war ein gesunder Junge, der einfach ziemliches Pech hatte. Furchtbares Pech. So gesehen ist sein Tod ein Unglück, an dem niemand schuld war. Andere mögen es vielleicht beunruhigend finden, dass ein unversehrtes Blutgefäß geplatzt ist. Das heißt, dass es jeden treffen kann, jederzeit. Ich weiß nicht. Für uns ist das Schlimmste bereits passiert. Es ist vorbei. Pro Jahr sterben in Norwegen vier bis fünf Menschen unter 45 an einer Hirnblutung. Nächstes Mal trifft es irgendwen anders, an einem völlig anderen Ort. Das heißt, das Leben ist willkürlich, wer stirbt und wer weiterlebt, ist ungewiss. Das hatte ich mir nie so vor Augen gehalten, nicht wirklich. Der Boden unter unseren Füßen war stabil, so fühlte es sich an. Nun ist da nur noch eine hauchdünne Schicht.

Wir nehmen anders Abschied. Bei Familientreffen fällt mir auf, dass ich Fotos und kleine Filmchen von unseren Verwandten mache, bevor wir wieder aufbrechen. Man weiß ja nie.

Später an dem Tag, als wir den Obduktionsbericht im Krankenhaus durchgegangen waren, saß ich mit Bår und Idun auf dem Sofa und schaute *Zurück in die Zukunft*, Teil eins. Michael J. Fox oder Marty, wie er im Film heißt, ist ins Jahr 1955 zurückgereist, als seine Eltern jung waren und die Welt noch etwas anders aussah. Dort trifft er seinen Freund, den Wissenschaftler Doc, in einer deutlich jüngeren Version. Auf der Gegenwartsebene war dieser kurz zuvor von einer Gruppe Terroristen erschossen worden, und Marty versucht nun, ihn vorzuwarnen. Der junge Doc will aber auf keinen Fall in die Zukunft eingreifen und zerreißt den Brief, der Auskunft über sein Schicksal gibt. Als Marty zurück in die Gegenwart geschickt werden soll, muss er mit der Zeitmaschine sehr schnell fahren und genau in dem Moment, als es zu einem Blitzeinschlag kommt, eine bestimmte Geschwindigkeit erreichen. In letzter Sekunde ändert er den Rückkehrzeitpunkt auf zehn Minuten vor der Schießerei, um Doc vor der tödlichen Kugel zu retten. Das gelingt ihm zwar nicht, aber am Ende hat Doc trotzdem überlebt, denn er trägt eine kugelsichere Weste! Er hat den Brief, den Marty ihm in der Vergangenheit geschrieben hatte, doch noch gelesen.

Nachdem wir den Film gesehen hatten, begriff ich, was mir der Obduktionsbericht eigentlich sagte. Wenn es in Edvins Gehirn kein Aneurysma gegeben hatte, dann hätte auch eine Zeitreise nichts genützt, wir hätten uns und Edvin nicht warnen können. Was hätten wir sagen sollen?

In deinem Gehirn wird ein kleines Blutgefäß platzen, daran wirst du sterben, und wir können nichts dagegen tun, denn im MRT ist unmöglich etwas zu sehen. Bei einer deformierten Arterie hätte es die Hoffnung gegeben, dass operativ eingesetzte Stents die Blutung verhindern. Aber bei einem kleineren Blutgefäß? Dieses Wissen hätte ihn nicht retten können, das wäre ein Todesurteil gewesen.

Ich schickte Hedda eine Nachricht und erzählte ihr, was wir herausgefunden hatten. Aus Sindres und Olavs Plan mit der Zeitreise wird wohl nichts, schrieb ich. Edvin kann nicht gerettet werden.

In der Welt der Mythen müssen die Verstorbenen im Reich der Toten bleiben, trotz aller Bemühungen ihrer Hinterbliebenen, sie zurückzubekommen. In der Bibel blickt Lots Frau zurück auf ihre Heimatstadt und erstarrt zu einer Salzsäule. Orpheus und Eurydike sind schon auf dem Weg zurück in die Oberwelt, als er plötzlich sehr unsicher wird. Ist sie überhaupt noch hinter mir?, fragt er sich. Er muss sich nach ihr umsehen. Trotz ihrer inständigen Bitte weiterzugehen, dreht er sich um, und Eurydike verschwindet wieder in der Unterwelt. Er verliert sie ein weiteres Mal.

Auch in der nordischen Mythologie gibt es diesen Mythos. Balder war leuchtend schön, mild und redegewandt. Er war derjenige unter den Göttern, der am meisten geliebt wurde. Doch er hatte Albträume, die ihn und die anderen Götter in Unruhe versetzten. Er träumte, sein Leben sei in Gefahr, und seine Mutter Frigg war so besorgt, dass sie jedes Ding und jedes Lebewesen einen Eid ablegen ließ. Sie alle mussten schwören, dass sie Balder nichts antun würden – alle bis auf einen Mistelzweig, der westlich von Walhall wuchs und so jung war, dass sie ihn überging.

Nun glaubten alle, dass Balder unverwundbar wäre. Die Asen wurden übermütig und machten sich einen Spaß daraus, ihn mit Steinen zu bewerfen und zu beschießen, manche schlugen auch auf ihn ein, doch egal was sie taten, er blieb stets unversehrt. Der listige Loki jedoch entlockte Frigg das Geheimnis mit dem Mistelzweig. Er schnitt ihn ab und gab ihn Balders blindem Bruder Hödur. Er solle

Balder damit beschießen, so Loki, verletzen könne er ihn ja ohnehin nicht. Dann half er Hödur beim Zielen, und Balder sank tot um.

Diese kleinen Fehler. Die Details, die wir übersehen. Oder das, was wir nicht im Blick haben können. Wie die Sehne des Achilles, die einzige verwundbare Stelle an einem ansonsten unverwundbaren Körper. Wir machten uns Sorgen über Edvins schmerzende Beine, seine Geräuschempfindlichkeit oder seine halsbrecherische Art, Fahrrad zu fahren, dabei war die eigentliche Gefahr unter seinem dichten blonden Haarschopf verborgen.

»Als Balder niedergefallen war, konnten alle Asen kein Wort sagen […] Aber als die Asen zu sprechen versuchten, da war es doch eher, dass sie in Tränen ausbrachen. Darum konnte keiner gegenüber dem anderen seinen Schmerz in Worte fassen.«

Als Balder stirbt, bittet Hermod die Unterweltgöttin Hel um die Rückgabe seines Bruders. In wildem Galopp reitet er über die Gjöllbrücke, überwindet den riesigen Zaun Helgrind und erreicht die Halle, wo er seinen Bruder Balder auf dem Hochsitz findet. Während ich von Hermods Ritt in die Unterwelt lese, sehe ich ihn und Hel, aber auch die anderen vor mir: Aeneas, der ins Totenreich reist, wo er seine Dido wiedersieht – blass, verzweifelt und rasend vor Enttäuschung über ihn; Orpheus, der Eurydike aus der Unterwelt zurückholen will. Demeter, die kämpft und ihre Tochter Persephone wieder mit auf die Erde nehmen darf, sie aber fortan mit dem Tod teilen muss: Frühling und Sommer auf der Erde, Herbst und Winter an Hades' Seite als dessen Frau.

Im Mythos von Balder gibt es Hoffnung, doch die erweist sich als illusorisch. Als Hermod Hel erzählt, wie sehr die Asen um den schönen Balder trauern, sagt sie: »Und wenn alle lebenden und toten Dinge in der Welt um ihn weinen, dann soll er zu den Asen zurückkehren. Er bleibt jedoch bei Hel, sobald irgendjemand Einspruch erhebt oder ihn nicht beweinen will.«

Daraufhin werden Boten ausgesandt, die aller Welt auftragen sollen, um Balder zu weinen. Menschen, Tiere und Erde müssen weinen, genau wie Steine, Bäume und alles Erz in der Welt. Als die Boten nach getaner Arbeit auf dem Heimweg sind, begegnen sie einer Riesin namens Thökk und befehlen ihr ebenfalls, Balders Tod zu beweinen. Die Riesin aber, bei der es sich eigentlich um den verkleideten Loki handelt, denkt gar nicht daran, und so muss auch Balder im Totenreich bleiben.

Man kann sich leicht erklären, warum die Verstorbenen in den Mythen stets zurück in die Unterwelt fahren. Seit jeher hatten die Menschen mit denselben Dingen zu kämpfen wie wir heute: mit dem Schock, wenn jemand stirbt, dem Gedanken, es müsse doch irgendwie rückgängig zu machen sein, und sei es, indem man das Unmögliche tut und den Toten einfach holen geht. Das aber ist und bleibt unmöglich, in der Wirklichkeit wie auch im Mythos.

In Platons *Symposion* erzählt Phaidros die Geschichte von Orpheus und Eurydike ein wenig anders als von den Dichtern Vergil und Ovid dargestellt. Bei ihm kann Orpheus' schönes Lied die Furien im Totenreich nicht zu Tränen rühren und dazu bewegen, dass sie ihm seine Geliebte wiedergeben. Vielmehr ärgern sie sich über ihn, weil er zu feige ist, für seine Liebe sein Leben zu opfern, und spielen ihm einen Streich. Anstatt ihm die echte Eurydike hinterherzuschicken, geben sie ihm ein Abbild

von ihr mit auf den Weg, einen Geist. Phaidros zufolge
wird er doppelt bestraft. Zuerst von den Furien, die ihn
verhöhnen, und dann noch einmal, als ihm nach seiner
Rückkehr in die Oberwelt der Kopf abgerissen wird.

Kein Wunder, dass er Zweifel hatte, denke ich. Dass er
das Bedürfnis hatte, sich umzudrehen und nachzusehen,
ob Eurydike wirklich da war. Sie war es ja nie, sondern nur
ein Traumbild, eine Art Schauspiel auf der Filmleinwand
der Vorzeit.

Der Figur des Orpheus, der lebend ins Totenreich hin-
absteigt, um seine Geliebte zurückzuholen, stellt Phaidros
eine Frau namens Alkestis gegenüber, die Einzige, die bereit war, für ihre Liebe ihr Leben herzugeben. Sie wollte
an Stelle ihres Mannes sterben, und dieses Heldentum
belohnten die Götter, indem sie sie zurück auf die Erde
schickten. »Und als sie das getan hatte, schien sie eine so
schöne Tat nicht nur den Menschen, sondern den Göttern
getan zu haben, daß diese, während sie doch unter den
Vielen, die viele schöne Taten vollbrachten, nur einigen
Wenigen diese Ehrengabe verliehn, aus dem Hades ihre
Seele wieder zu entlassen, dennoch die Seele jener Alkestis, ihre Tat bewundernd, entließen.«

Später, als ich die Energie für weitere Recherchen habe,
finde ich heraus, dass Orpheus sich vielleicht gar nicht
nach Eurydike umgedreht hat. Er hatte das Bedürfnis,
spürte, wie sein Herz schneller schlug. Ihre Stimme klang
fremd. Doch er hielt dem Impuls stand, bis er gerade zurück ins Tageslicht kam. Als er sich umdreht, hat sie es
noch nicht ganz hinaufgeschafft und wird wieder in die
Tiefe gezogen. Im Grunde aber hat er genau getan, was
ihm gesagt wurde, er war gehorsam, hat alles richtig gemacht, bis auf eine kleine Fehlkalkulation. *Hamartia* ist das
griechische Wort für den tragischen Fehltritt des Helden,

den Schwachpunkt, der alles ins Wanken bringt und letztlich zum Fall führt. Doch der Ausdruck kann auch etwas anderes bedeuten. Er kann auf die Willkür verweisen, das Unglück oder den Irrtum, an dem der Held keine Schuld hat, der aber dennoch den Lauf der Dinge bestimmt.

Warum Edvin sterben musste, werden wir nie erfahren. Selbst wenn es eine Vorwarnung gegeben hätte, wäre es so verlaufen. Hätte es Anzeichen dafür gegeben, dass in Edvins Gehirn etwas nicht stimmte, so hätte ich sie nicht deuten können, denn ich konnte nicht in die Zukunft blicken und die Katastrophe sehen, die auf uns wartete.

Ich würde mein Leben dafür geben, dass Edvin seins noch hätte. Mein Leben, Bårs Leben. Der Tod hätte ruhig uns nehmen können, mich zumindest, dann hätte Edvin weiterleben und seine vielen Talente entfalten können.

Aber wer würde sich dann um Idun kümmern? Was für ein unmögliches Gedankenkonstrukt. Als verfügte der Tod nach eigenem Gutdünken über Menschenleben. Als interessierte ihn das auch nur im Geringsten.

Edvin ist auf der anderen Seite des Flusses, kein Riese kommt mit ihm auf dem Arm und bringt ihn zurück. Wir werden vorwärtsgezogen, ob wir wollen oder nicht. Der Tod hat sich unzählige Male geteilt und ist in jede Körperzelle vorgedrungen, bis in die Fingerspitzen und noch weiter bis ans Ende der Welt. Edvin ist schon so lange fort. Das Gedankenkarussell hat viele Runden gedreht, es hat viele und sehr chaotische Träume gegeben. Jetzt scheint es unmöglich, dass er jemals zu uns zurückkommt, schreibe ich. Und dann denke ich: Aber das stimmt doch nicht. Ich sehe ihn immer noch vor mir, wie er bei uns ist, wie er dort sitzt, in Wollunterhemd und langer Unterhose. Der Verlust ist nach wie vor spürbar, wie eine Strömung gleich unterhalb, manchmal auch oberhalb der Wasseroberfläche. Doch hin und wieder sind mir kleine Zeitkapseln beschert, in denen ich nicht an ihn denke. Zwei Minuten hier, fünf Minuten da.

Das schreibe ich im März 2021. Ich habe mit einer Mutter gesprochen, die ihre Tochter vor vier Jahren verloren hat. Manchmal vergehe ein Tag, ohne dass sie an sie denke, erzählte sie mir, und bei dem Gedanken, dass das möglich ist, spüre ich Erleichterung. Ich habe mit einer älteren Frau gesprochen, die ihren Sohn vor langer Zeit verloren hat, einen Jungen, der genau wie Edvin an einer Hirnblutung starb: Es vergeht keine Woche, ohne dass ich an ihn denke, sagt sie.

Er ist nicht hier, das kann ich sagen. Edvin ist nicht hier. Aber jetzt warte ich darauf, dass er zu mir kommt, dass ich ihn in mir oder neben mir wahrnehme, wie meine Freundin Kirsti ihren Vater. Wie ich es auch mit meiner Großmutter erlebe. In meinem Inneren blitzt es immer noch auf, etwas, was sie war oder was sie hätte sagen können, oder vielleicht auch nur ein Gefühl, während ich in der Küche stehe und einen Lappen auswringe oder Gemüse schneide. Dieses Gefühl von Nähe ist schön, denn wir hatten sie ja so lieb.

Kann nicht auch Edvin kommen? Vielleicht ist der Schmerz noch zu groß, mir muss es erst besser gehen, bis ich Platz für ihn habe. Aber eines Tages vielleicht.

Und solange kommt er manchmal im Traum zu mir.

Once is enough. Once is enough
to say goodbye on earth.
And to grieve, that too, of course.
Once is enough to say goodbye forever.«

Ich lese das Gedicht von Louise Glück, wieder und wieder.

Irgendwann werde ich in dieselbe sanfte Finsternis übergehen. Vielleicht werde ich furchtlos sein. Mich in nichts auflösen, wie er, ein Teil desselben sanften Nichts werden wie er, wie wir alle.

7. April 2021

Ich sehe dich in unserer neuen Küche Eis essen. Ein oder zwei Tage bevor wir zur Ferienhütte aufbrechen. Wir haben Tisch und Stühle hineingestellt. Du sitzt auf der Fensterbank, mit überkreuzten Beinen und leicht zurückgelehntem Kopf, während deine Schwester dir etwas vorliest. Ihr tragt eure Jiu-Jitsu-Anzüge. Dein Wohlbefinden lässt dein Gesicht erstrahlen.

Ich sehe dich am Wegrand, mit einem Stock in der Hand.

Ich sehe deine Hände. Ich spüre deine Hand in meiner, lange Finger, stark wie bei einem erwachsenen Mann.

Ich sehe die Sprenkel in deiner Iris. Wo ist all das Blau jetzt hin, wo ist dein Blick?
   Die dünnen Arme wie Flügel, das struppige Haar im Bett.

Du hast geatmet.
   Dann hast du aufgehört zu atmen.

Fast sieben Jahre hast du uns gegeben. Das waren sieben gute Jahre. Ich zähle nicht die Tage.

Ich werde deinen Tod verkraften, werde ihn tragen. Ich werde dich mit aufrechtem Rücken tragen, das werde ich verkraften. Ich werde verkraften, dass du gestorben bist.

Ich bin nicht ich selbst. Manchmal denke ich: Ich habe Kontrolle. Das geht schon. Dann reißt es auf. Dann weine ich. Ich sabbere und weine. Weine und sabbere. Mit verzerrtem Mund. Auf der Straße. Bei einer Tasse Kaffee. Ein Satz in einem Buch. Das Foto von ihm als Erstklässler, ich kann es mir nicht ansehen, seinem Blick begegnen, so direkt und konzentriert. Das schaffst du schon, denke ich, dann begegne ich seinem Blick und breche zusammen. Was ist mit dir passiert, Edvin? Wo bist du? Du bist schon so lange fort. Wir haben so viel getrauert, so viele Trauerrunden gedreht, dass wir dich weggeschoben haben, mit der Trauer weiter von uns geschoben. Die Trauer hat deinen Platz eingenommen. Hat ersetzt, wer du warst. Jetzt ein Riss. Ein Loch. Wer du warst, ein Krater im Boden.

Hätten wir ihn wieder, würden wir ihn vielleicht ununterbrochen im Blick behalten, ihn nicht mehr aus den Augen lassen. Wie in dem Traum, in dem er zurückkam, und es war Weihnachten. Bår holte die Videokamera und ging ganz dicht an ihn heran, um alles einzufangen, alle Details.

Wie in dem Traum, in dem er kam und sich an mich drückte, so gut und so fest, die Arme um meine Taille, sein Kopf an meinem Bauch. Wir wollten irgendwohin, und ich fuhr das Auto. Das Steuer war auf dem Rücksitz, ich saß also hinten und die Kinder vorne, sodass ich sie von meinem Platz aus sehen konnte. Die Freude darüber, Edvin zu sehen, war groß und ganz ruhig. Er sollte ja schließlich mitkommen, weiter mit dabei sein.

Ende April, es war tagelang sonnig gewesen. Bäume und Büsche waren grün geworden, ohne dass ich es mitbekommen hatte. Nach einigen ruhigen Wochen spürte ich nun einen Druck in der Brust. Ich war frustriert und wütend. Die Trauer hatte uns alle erschöpft. Dabei hatte ich doch so viel richtig gemacht, dachte ich. Hatte gearbeitet und mich ausgeruht. War am Grab gewesen und spazieren gegangen. Hatte Gedichte und andere Texte zum Thema Trauer gelesen. Hatte Betroffene in einer ähnlichen Situation aufgesucht. War joggen gegangen und hatte mich gelangweilt bis zum Gehtnichtmehr. Hatte Freunde getroffen. War im neun Grad kalten Fjord schwimmen gewesen. Doch nirgendwo fand ich Ruhe. Zu dieser Zeit hatten wir zwei gescheiterte IVF-Behandlungen in einer Osloer Klinik hinter uns. Zuletzt, kurz vor Ostern, hatten sie mir eine Eizelle von mittlerer Qualität eingesetzt. Dort auf der Untersuchungsliege, die Füße oben in den Bügeln, während eine Fremde ein dünnes Röhrchen in meine Gebärmutter einführte, um das Ei zu injizieren, spürte ich, wie die Trauer um Edvin wieder aufwallte und meine Augen feucht wurden. Ich blinzelte das Gefühl weg. Wenn es so weiterging und die wenigen befruchteten Eizellen gerade gut genug waren, um verwendet zu werden, zum Einfrieren aber ungeeignet, sah es schlecht aus mit einer Schwangerschaft, gab mir die Ärztin zu verstehen. Das zwang mich, mir ein Leben ohne weitere Kinder vorzustellen. Nur Bår, Idun und ich. Trauer, vielleicht auch Erleichterung darüber, dieses vergebliche Projekt fahren zu lassen. Bär und ich waren uns einig, dass wir es noch ein letztes Mal versuchen wollten, im Mai, und dann alle weiteren Versuche, mit meinen Eizellen schwanger zu werden, aufgeben würden.

Mein Zustand in dieser Zeit: Es war, als jagte ich nach etwas, das ich nicht fand, wie ein Hunger, den ich nicht befriedigen konnte, ich wusste nicht, was es war. Da war natürlich Edvin, den ich nicht bekommen konnte, doch meine Rastlosigkeit erstreckte sich auch nach vorn. Als wäre ich Jägerin und Gejagte zugleich, als wäre etwas hinter mir her und ich müsste immer weiterhetzen, flüchten. Ich hätte so gern noch ein Kind bekommen, noch jemanden zum Liebhaben, ein Geschwisterchen für Idun. Ich hätte Edvin so gern wiedergehabt. Beides wirkte aussichtslos.

In diesen Tagen wollte ich mit niemandem reden, ich war gereizt und dünnhäutig.

Kann ich irgendetwas für dich tun?, fragte Bär eines Abends, als ich im Bad stand und mir die Zähne putzte. Ich schloss die Tür vor seiner Nase, wollte einfach nur meine Ruhe haben.

Irgendwann in dieser Zeit lag ein Umschlag für mich im Briefkasten. Eine ehemalige Kommilitonin, mit der ich in Edvins Geburtsjahr zur Schreibakademie gegangen war, hatte mir zwei Kristalle geschickt, einen Rosenquarz, auch Liebeskristall genannt, und eine Apachenträne, die gegen Trauer helfen soll – langwierige und komplizierte Trauer, die sich im Körper festgesetzt hat. Gut, einen Versuch ist es wert, dachte ich. An diesem Abend steckte ich die Apachenträne, einen kleinen, fast durchsichtigen Stein, in die Tasche von Edvins Shorts, die ich sowieso schon unter dem Kopfkissen liegen hatte. Der Stoff der Hose war zerschlissen und schmutzig, die Hosenbeine abgeschnitten und von Bår umgenäht. Es war das einzige Kleidungsstück von Edvin, das nach dem Sommer auf der Ferienhütte nicht gewaschen worden war. Beim Einschlafen legte ich die Hand darum. Das war ein bisschen, als würde ich Edvin festhalten.

Mitten in der Nacht wurde ich wach und musste zur Toilette. Ich hatte einen eigenartigen Traum gehabt, in dem ich uns und unser Leben wie aus der Vogelperspektive sah, von ganz weit weg. Gleichzeitig hatte ich Einblick in Iduns Innenwelt und konnte darin zurückblättern. So sah ich, was sie in den Monaten nach Edvins Tod geträumt hatte. Was für viele schöne und lustige Träume, dachte ich. Keineswegs nur Trostlosigkeit. Im Traum wurde mir klar, dass es Idun eigentlich ganz gut ging. Am schlechtesten ging es wohl mir selbst. Und was ich in mir hatte, war nur ein Bruchteil eines riesigen Kosmos, der aus unendlich vielen kleinen Teilen bestand. Vielleicht spielte es überhaupt nicht so eine große Rolle, wie es mir gerade ging. Auch Edvin ging es gut, ließ der Traum mich wissen. Er war weder verzweifelt noch tat ihm etwas weh. Wir brauchten uns keine Sorgen um ihn zu machen.

Es war ein friedlicher Traum, ein richtiger Hippietraum, vielleicht die größtmögliche Annäherung an eine Vision, ganz ohne Drogen.

Am nächsten Morgen erzählte ich Idun von dem Traum, sie war gerade neben mir aufgewacht.

Das sagt mir, dass alles gut wird bei uns, erklärte ich ihr.

Aber eigentlich läuft es doch schon ganz gut bei uns, oder?, entgegnete sie.

Am Wochenende vor dem 17. Mai fuhren wir zur Ferienhütte. Wir mussten Kraft sammeln für den ersten Nationalfeiertag ohne Edvin. Der Nachbarjunge Andreas kam mit, nun hatten wir wieder zwei Kinder auf dem Rücksitz. Wir fanden die Hütte sauber und ordentlich vor, mit frisch bezogenen Betten. Meine Eltern waren dort gewesen und hatten alles für uns vorbereitet. Ein paar Stunden später, als ich in der Küche stand und kochte, hörten wir ein Auto näher kommen, und wie immer, wenn Bekannte auf dem Weg zu uns waren, liefen wir hinaus, um sie zu begrüßen. Es waren Sindre und seine Familie, sie hatten die Nachbarhütte gemietet, die ein Stück weiter die Straße hinauf lag. Als ich aus dem Haus kam, waren Idun und Andreas bereits auf dem Weg zu der anderen Hütte. Ich folgte ihnen und gab Sindre und Olav einen freundschaftlichen Knuff. Schon jetzt löste es das reinste Gefühlschaos in mir aus, sie hier zu sehen, neun Monate nachdem Edvin gestorben war. Er hätte doch auch dabei sein müssen, hier bei uns. Zu hören, was Sindre alles zu erzählen hatte. Zu sehen, wie er gewachsen war, wie die kindlichen Züge allmählich aus seinem Gesicht verschwanden. Ihn vom Rand eines Badezubers zu heben, auf dem er mit Idun und Andreas im Halbdunkeln herumbalancierte. Zum ersten Mal seit neun Monaten hielt ich den Körper eines Siebenjährigen im Arm, spürte einen Moment, wie schwer er war. Das Wiedersehen mit ihm und den anderen machte mich schwindelig. Vor Edvins Tod hatte ich selten oder nie erlebt, dass ein und derselbe Augenblick so viele verschiedene, ja, sogar gegensätzliche Gefühle hervorrufen kann. Trauer und Freude, Dankbarkeit und immense Frustration. Aber vor allem Trauer, immerzu Trauer. Es zerrieb mich von innen, der Schmerz und das Schöne.

Am Tag darauf versammelten wir uns vor dem Haus, um gemeinsam eine kleine Wanderung zu machen, und bevor es losging, spielte der vierjährige Olav noch ein wenig in der kleinen Kinderhütte, die Bår zwei Sommer zuvor gebaut hatte. Guckt mal, was ich gefunden habe!, rief Olav. Unter drei Kissen in der Ecke des Häuschens lag Sully, Edvins heiß geliebtes Kuscheltier, das er kurz vor den Sommerferien bekommen hatte. An dem Tag war ich mit den Kindern in einem großen Spielwarenladen in der Stadt gewesen. Es war einer der letzten Tage vor unserem Urlaub, und ich hatte versprochen, mit ihnen dort hinzugehen, damit sie sich etwas von Harry Potter kaufen konnten. Mit großen Augen gingen sie von Regal zu Regal. Auf dem Heimweg machten wir noch einen Zwischenstopp in einer Buchhandlung am Alexander-Kiellands-Platz. Idun suchte sich etwas aus, und Edvin, der sich immer schlecht entscheiden konnte und seine Wahl meistens bereute, fand dort Sully, ein struppiges kleines Faultier mit riesigen Augen. Er war sofort verliebt. Selten habe ich ihn so glücklich über etwas gesehen. Sully kam mit nach Kvam, aber im Laufe der Ferien verschwand sie spurlos. Ich erfuhr erst nach Edvins Tod davon, als Idun es mir erzählte. Edvin sei so traurig gewesen, als er Sully nicht mehr fand, sagte sie. Konntest du ihn trösten?, fragte ich. Ja, antwortete sie. Sie habe ihm gesagt, dass Sully wahrscheinlich in Oslo geblieben war, und da habe er sich beruhigt. Gut, sagte ich. Das war klug. Aber Sully tauchte nirgendwo auf, und ich wunderte mich, wo sie nur sein konnte. Es fühlte sich falsch an, dass sie fort war, wo Edvin sie doch so gerngehabt hatte.

Und auf einmal war Sully wieder da, voller Dreck und Laub, aber ansonsten unversehrt. Olav hatte auch die kleine Kommode im Spielhaus geöffnet und Edvins Schnitzmesser darin gefunden. Und seine rote Fliege. Ihm konnte kaum klar gewesen sein, was für einen Schatz er dort aufgetan hatte. Ein Augenblick, ein kleiner Windstoß aus der Vergangenheit, der mich zurück zu Edvin führte, vertieft in sein Spiel, hier im letzten Sommer. Er hatte seine kostbarsten Gegenstände ins Spielhaus gebracht. Und dann muss er sie vergessen haben. Es war ein seltsames Erlebnis, wie eine Zeitkapsel, die sich genau in dem Moment öffnete, als Olav in die Kommode schaute.

Die Sachen konnten nur von einem Kind gefunden werden, sagte Hedda.

Was dachte er, als er die Fliege, das Messer und sein Kuscheltier an diesem Tag hierherbrachte? Ich sah ihn *fast* vor mir, hatte *fast* das Gefühl, er wäre da und es würde sich vor meinen Augen abspielen: wie er die Sachen in die Schublade legte und sie schloss, wie er seine Schätze versteckte. Ich sah seinen Haarschopf vor mir, die dünnen, dünnen Beine, den konzentrierten Blick. Was hast du gedacht, Edvin?

Den anderen zu vermitteln, was für einen enormen Eindruck dieser Fund auf mich machte, war nicht leicht. Ein Kuscheltier, na und? Aber da war eben dieser Hauch von Edvin – ein kleiner Windstoß. Als Olav die Kissen hochhob oder als ich die Kommode öffnete und die Sachen herausholte, war es auch schon wieder vorbei, und ich wusste, dass Überraschungen wie diese so gut wie nicht mehr vorkommen würden, denn seine übrigen Sachen hatte ich längst durchgesehen.

Wir nahmen Sully mit auf unsere Wanderung an dem Tag. Ich steckte sie in die Seitentasche von Bårs Rucksack und setzte sie auf den Tisch, als wir gegenüber vom Hotel Rast machten.

Wenn Edvin doch nur hier wäre, sagte Sindre. Es ist blöd, dass er gestorben ist. Er hätte sich so gefreut, sein Kuscheltier wiederzufinden.

Später posierten die Kinder vor dem Steinmännchen oben am Haugseter, und Sindre hielt Sully in die Kamera.

Pass gut auf das Kuscheltier auf, sagte er. Das ist ein wichtiges Andenken.

Am Nachmittag ging ich ins Schlafzimmer, um mich etwas hinzulegen. Die anderen spielten im Wohnzimmer Monopoly. Ihr Lachen und ihre wild durcheinander sprechenden Stimmen drangen zu mir herüber. Es tat gut, sie zu hören, mit allen zusammen auf der Hütte zu sein. Wir brauchten Kinder in unserem Leben, viele Kinder, je mehr, desto besser. Und dann die ganze Zeit dieses Fehlen von Edvins heller, klarer Stimme. Seinetwegen waren wir hier, ohne ihn hätte ich Hedda vielleicht gar nicht kennengelernt, damals im Hinterhof. Sein Fehlen war nach wie vor der Krater, um den alles andere kreiste, ein unsichtbarer Mittelpunkt, um den wir herumschlichen, ohne genau zu wissen, wer wir jetzt waren und wie wir uns zu verhalten hatten. Doch auf der anderen Seite auch seine Liebe, denke ich jetzt beim Schreiben, die Wärme seines Feuers, seines Lichtes, das weiterhin schien. Idun und Andreas, Olav und Sindre.

Ich zog mir die Regenjacke über und ging allein im

Regen spazieren. Ich ging an der Wiese vorbei, auf der wir im vorigen Sommer die Elchkuh mit dem Kalb gesehen hatten. An dem Abend hatten die Wiesenblumen in der einsetzenden Dunkelheit geleuchtet, ein sanftes Flimmern war durch die orangefarbenen Halme gegangen. Jetzt war es ein einziges Grau. Unterwegs rief ich Mama an und weinte ins Telefon. Das sind bestimmt nur die verrücktspielenden Hormone, sagte ich. Ich befand mich mitten in der dritten IVF-Behandlung, und in wenigen Tagen sollten mir in der Klinik zehn bis zwölf reife Eizellen entnommen werden. Aber es ist doch noch gar nicht so lange her, sagte Mama. Neun Monate. Kein Wunder, dass es dir so geht. Ich räusperte mich, und wir sprachen über etwas anderes. Elisabeth hatte vor Kurzem einen Japanischen Kuchenbaum gekauft und ihn in ihrem Garten in Ruste gepflanzt. Das hatte Mama auch vor. Genau vor unserem Fenster stand ein solcher Kuchenbaum, den die Nachbarn im Hinterhof zum Andenken an Edvin gepflanzt hatten. Alle sollten einen Kuchenbaum haben, keine Frage. Nun würde auch in Ruste und in Kvam einer stehen. Ich sah einen roten Faden, der die beiden Orten im Gudbrandsdal mit unserem Hinterhof in Sagene verband. Drei Bäume zum Andenken an Edvin.

Ich beendete das Telefonat und setzte meinen Spaziergang fort, ging die Straße entlang, vorbei am Campingplatz und dann quer über die Straße nach Rondablikk, vorbei an den Müllcontainern und über den Schotterplatz, der zum See Årvillingen hinausgeht. Kein Mensch, kein Auto war irgendwo zu sehen. Mein Gesicht war feucht von Tränen und vom Regen.

Wir haben Sully wiedergefunden, sagte ich vor mich hin. Ach, Edvin, sagte ich. Wärst du doch hier. Sindre, Olav, Andreas und Idun, alle sind hier. Du solltest auch hier sein. Aber Sully war mit uns wandern. Ach, Edvin, ich habe dich so lieb, hauchte ich in die Luft. Ich habe dich lieb, ich habe dich lieb. Mein Schmerz war so groß, er saß tief in der Brust. Doch es tat gut, die Worte vor mich hin zu sagen, in den Regen, sie laut zu sagen, diese einfache Botschaft. Wo bist du?, fragte ich. Wo bist du, Edvin? Eine Weile saß ich auf einem umgestülpten Boot und lauschte den Regentropfen, die auf die Wasseroberfläche prasselten. Ich blickte über den See. Auf dem grauschwarzen Wasser lag eine dünne angetaute Eisschicht. Man sah noch den Anfang einer Skispur, ein bis zwei Meter weiter endete sie. Hier waren wir im vorigen Sommer gewesen, an dem Wochenende, als Bår uns auf der Hütte besuchen kam. Es war ein Tag mit blassblauem Himmel. Als Proviant hatten wir gekochte Eier, Frikadellen und eine Thermoskanne Kaffee dabei. Auf dem Autodach war ein riesiges Gummiboot festgezurrt, das Mama in China bestellt hatte. Zusätzlich hatten wir noch ein kleines Bötchen aus Kunststoff, das schon auf dem Wasser wartete. Solche Ausflüge waren nicht leicht, das waren sie nie. Die Kinder rannten in verschiedene Richtungen. Ich hatte die Dollen im Auto vergessen und musste noch einmal zurück. Edvin war sauer, weil Idun das große Boot rudern durfte. Also tauschten wir, und er durfte ins Gummiboot, während Idun und Bår das andere nahmen. Beim Rudern hatte Edvin überhaupt keine Geduld, und ich musste ihm gut zureden, um ihn bei Laune zu halten. Ich lobte seine kräftigen Ruderschläge, und die Stimmung besserte sich. Als wir wohlbehalten auf der kleinen Insel im See angekommen waren, hatten die Kinder den Plan, Bår aus dem Hinterhalt zu überfallen. Ziel dieses Wochenende war es, ihn zur Anschaffung eines Meerschweinchens zu überreden. Oder eines Hamsters. Auf der Insel saß er in der

Falle. Ich bin eingeweiht und stehe im Hintergrund, um das Ganze zu filmen. Auf dem Video hört man den Wind und sieht die Zweige der Zwergbirke schaukeln. Idun, die ihre Ansprache im Voraus einstudiert hat, geht auf Bår zu und unterbreitet ihm die Idee mit dem Hamster. Sie sagt, sie könnten auch erst einmal üben und vorübergehend ein Tier hüten oder so tun, als wäre eins ihrer Kuscheltiere ein echtes Tier, um zu zeigen, dass sie Verantwortung übernehmen können. Ihr Gesicht lugt gerade so unter der Kapuze ihrer Regenjacke hervor. Ja, ja, damit können wir ja vielleicht anfangen, sagt Bår. Edvin hüpft um die beiden herum und hat die Hände wie zum Gebet gefaltet. Er greift nach Bårs Jacke. Bitte, bitte, ich beeeete, sagt er, ich bete zu Gott. Bitte, Papa! GIB UNS EINEN HAMSTER! Dann verschwindet er aus dem Bild, barfuß und im Harry-Potter-Pullover, während Idun sich Bår entgegenlehnt. Und dann müssen wir rausfinden, wie viel ein billiger Hamster kostet, höre ich Edvins Stimme, bevor der Film abbricht.

Das war weniger als ein Jahr her. Und nun war alles anders. Bår hatte immer noch eine Tierhaarallergie. Edvin war nicht mehr da. Ach, Edvin. Mir war, als würde man mich auswringen. Die Feuchtigkeit hing schwer in der Luft. Eine Weile saß ich einfach da, atmete und sah zu, wie die Regentropfen auf das graue Wasser trafen. Alles war grau. Dann machte ich kehrt und ging zurück zur Hütte. Mein Bauch war geschwollen und aufgebläht von den drei verschiedenen Medikamenten, die ich mir im Laufe der letzten Woche jeden Abend gespritzt hatte und die das Heranreifen meiner Eizellen unterstützen sollten. Es war, als trüge ich einen Apfelbaum in mir, dessen Zweige voller Früchte hingen. Voller großer fauler Äpfel, dachte ich. Ich hoffte auf ein bis zwei gute Eizellen dieses Mal, doch die Natur ist gnadenlos. Die meisten dreiundvierzigjährigen Frauen haben hauptsächlich schlechte, alte Eier, die nicht zu gebrauchen sind. So ist es nun mal. Mir war klar, dass die Chance auf eine Schwangerschaft bei weniger als zehn Prozent lag, aber dieses eine Mal wollten wir es noch versuchen.

Auf dem Rückweg kam Bår mir entgegen. Es hatte mir ein kleines bisschen Erleichterung verschafft, dass ich laut von meiner Liebe zu Edvin gesprochen hatte, die so groß, so grenzenlos war. Ihn zu verlieren, sagte ich zu Bår, war, wie einen Sohn und einen Geliebten gleichzeitig zu verlieren, der Schmerz war dergleiche. Ich musste immer noch an den eigenartigen Traum denken, den ich vor einiger Zeit gehabt hatte. Edvin war viel größer geworden, er war zurückgekommen, und wir wollten uns zu zweit in ein Bett in meinem alten Kinderzimmer legen, dem Zimmer mit den grünen Wänden. Wir schoben das schmale Bett dicht an die Wand, sodass wir eng aneinandergeschmiegt darin liegen konnten. Diesen Traum behielt ich für mich, ich verstand ihn nicht so recht.

Bår sagte, für ihn sei es genauso. Als hätte ich nicht nur Edvin, sondern auch dich verloren, sagte er. Ja, so ist es wohl, antwortete ich. Aber ich bin immer noch da, irgendwo. Schau mir in die Augen, sagte ich. *I'll be back.* Ich lächelte mit diesem neuen Gesicht, das ich jetzt hatte. Oft fragte ich mich, ob mein Blick erloschen war oder ob sich irgendwo da drinnen noch eine Lichtquelle befand, von der ein schwacher Schein ausging. Es ist, als wäre ich ich und gleichzeitig eine andere, sagte ich. Aber die Freude wird wiederkommen.

Später am Abend klopfte es an der Tür. Da stand meine Nichte Inga Nella, in abgetretenen Turnschuhen, umwerfend schön, mit nassen Haaren und einer Tasche in der Hand. Sie wollte bei uns übernachten. Im Schlepptau hatte sie die alte Pricilla, oder die Königin, wie ich sie in Gedanken nannte: eine große, silbergraue Labradoodle-Hündin, die sich, ebenfalls nass vom Regen, an ihr vorbei in die Hütte schob. Jetzt waren wir zu zehnt, einschließlich Hund. Je mehr, desto besser, dachte ich.

Es ist der 29. Juli 2021. Das Heidekraut blüht. Eine Viehherde ist vorbeigekommen, die Tiere standen in großen Gruppen um die Hütte verteilt und muhten einander aus verschiedenen Richtungen zu. Inzwischen sind sie zu neuen Weiden aufgebrochen. Ich sitze auf dem Bett in der Hütte und schreibe. Eine Fliege schwirrt um mich herum und landet immer wieder auf einem neuen Fleck nackter Haut, wo sie umherkrabbelt, bis ich sie vertreibe. Vor einem Jahr habe ich meinen Sohn das letzte Mal lebendig gesehen. Mama und ich haben Idun und Edvin zum Bahnhof in Vinstra gefahren und sie schnell noch einmal in die Arme geschlossen, ehe sie in den Zug zu Bårs Vater Erik sprangen, der nach einem Sommer als Handwerker in Oslo schmal und guter Dinge war. Die Kinder waren auf dem Weg nach Steinkjer, wo sie zehn Tage bleiben würden. Ich schickte sie fort, und Edvin bekam ich nicht mehr lebendig zu sehen. Es schmerzt mir in der Brust, das zu schreiben.

Heute ist der letzte Tag auf der Ferienhütte. Morgen geht es zurück in unsere Wohnung, dann sind die Ferien für mich vorbei. Meine Hände riechen nach Schaf. Gestern mussten wir vier Kühe aus dem Pferch gegenüber vertreiben. Heute haben es ein paar Schafe durchs Tor geschafft und ließen sich nicht zum Weitergehen bewegen. Wir mussten an ihnen ziehen und zerren, um sie wieder auf die Straße zu bekommen. Ich komme mir vor wie eine Bäuerin!, sagte ich zu Bår. Endlich hatten wir mal ein richtiges Projekt, etwas, das wir als *Team* hinbekommen mussten. Bär sah mich mit einem ironischen Lächeln an. Ja, ja, sagte er. Du weißt schon, was ich meine, entgegnete ich.

Es war ein verregneter Sommer. Wo immer wir waren, hatten wir das schlechte Wetter im Gepäck. Mir ist das Wetter egal, es spielt für mich keine Rolle. Soll es doch gießen, nichts klärt die Gedanken wie ein Spaziergang in strömendem Regen. Jetzt ist es fast ein Jahr her, dass Edvin gestorben ist, und ich werde aufhören zu schreiben, bevor der Jahrestag kommt. Ich will den Ring nicht schließen, will überhaupt nichts schließen.

Ich bin verwirrt, müde. Ich sehe Edvin überall vor mir. Kann keine Freude empfinden. Wir sind so sehr mit Idun und ihren Bedürfnissen beschäftigt, dass es eine Erleichterung ist, wenn sie mal ein Hörbuch hört oder auf meinem Handy spielt. Dann kann auch ich mich entspannen, mich unter der Bettdecke zusammenrollen und schlafen.

Zweimal habe ich diesen Sommer die Kraniche gehört, wie ein Schiff aus weiter Ferne, aber gesehen haben wir sie nicht. Sie haben sich andere Wiesen zum Landen gesucht. Letztes Jahr hat sich das Wollgras im Wind bewegt, dicht an dicht wie tausend kleine Geschwister mit weißem Haar. Dieses Jahr sah es lichter aus im Moor. Schmetterlinge gab es dagegen zuhauf. Vor ein paar Wochen hat es nur so gewimmelt von kleinen hellblauen Faltern, die sich am Wegrand tummelten. Helle Alpenbläulinge oder Hauhechel-Bläulinge. Jetzt sehe ich nichts als Fliegen. Und träge Hummeln, die sich an den riesigen Kuhfladen laben.

Letztes Jahr habe ich die Welt um mich herum in lauter Malerfarben wahrgenommen, Himmel, Berge, Wald und Heide sah ich in Farbcodes der Firma Jotun. Abends suchte ich im Internet nach Lampen, Bettdecken und alten Ausziehbetten. Irgendwann hatte ich den kompletten

Überblick über das Angebot bestimmter Sorten antiker Möbel in Oslo und Umgebung. Diesen Sommer ist mein Blick erloschen. Ich weine wenig, lächle aber auch wenig und lache fast nie. Meine Stimmung ist in tiefe Dunkelheit getaucht.

Nach eineinhalb Wochen im Ferienhaus, von denen ein paar Tage auch Tone und Andreas da waren, setzten wir uns ins Auto und fuhren weiter Richtung Norden, zuerst nach Trondheim, dann nach Steinkjer und schließlich zum Gut Mo i Salsnes, um den fünfundsiebzigsten Geburtstag von Bårs Eltern zu feiern. So oft und so lange es ging, saß ich selbst am Steuer. Dann hatte ich Kontrolle. Wenn ich mit Bår tauschte, um ein bisschen zu schlafen, schreckte ich ständig hoch und war mir sicher, dass wir auf dem Weg in den Straßengraben waren. Dass auch wir einen plötzlichen Tod finden würden, war offenbar eine naheliegende Möglichkeit für mich.

Wir versuchten alle drei nach bestem Vermögen, die große Lücke zu schließen, die Edvin hinterlassen hatte. Sein Platz auf dem Rücksitz war mit Plastiktüten vollgestopft. Noch nie hatten wir so viel Gepäck dabeigehabt. Wir nahmen uns jeden Tag irgendetwas vor. Ein Ausflug zum Bauernhof, zum Kletterpark, ins Schwimmbad, in die Bücherei. Wir trafen andere Kinder in Iduns Alter. Wir trafen Kinder, die so groß waren, wie Edvin gewesen wäre. Seit Mai hatten wir unsere IVF-Bemühungen erst einmal auf Eis gelegt. Ich trank jeden Abend Bier und ging gelegentlich joggen, schnaufend und untrainiert. Auf jeder Station unserer Reise war es, als müsste mein Gehirn aufs Neue herausfinden, was es hieß, ohne Edvin zu sein. Die Trauer war wieder roh und frisch und ließ meine Arme und Beine erschlaffen. Auch Bår brauchte mehr Schlaf als sonst. Idun las und hörte Hörbücher. Fünfundfünfzig Bücher, 9629 Seiten im Laufe des Sommers, fein säuberlich dokumentiert bei »Sommerles«, dem Lesewettbewerb der öffentlichen Bibliotheken. Wir nahmen alle Stadtbüchereien auf unserem Weg mit und sammelten Preise für jedes erreichte Level.

Hin und wieder war sie allein unterwegs, mit geflochtenem Haar, Rollkragenpulli und Schlaghose, und sah sich mit konzentriertem, suchendem Blick um, als halte sie nach irgendwem Ausschau.

Im Laufe unserer drei Tage auf Gut Mo ging Oma Nanna ein paar Mal mit Idun zu dem schönen nahe gelegenen Lachsfluss, um zu angeln. Kurz vor unserer Abreise kamen die beiden die Straße hinauf und brachten eine hübsche kleine Forelle mit, die Idun gefangen hatte. Wir machten ein Foto und notierten das Gewicht. Ich freute mich über ihr stolzes Lächeln.

Vielleicht stimmt es, was mein Therapeut sagt, und der Verlauf der Trauer kann einer Spirale ähneln, mit vielen Umdrehungen in der Tiefe, auf der wir aber dennoch mit jeder Krümmung eine leichte Steigung erfahren. Ich sehe eine Papierspirale vor mir, von Kinderhänden gebastelt, aus dickem bunten Papier, die sich leicht in die Länge ziehen lässt. Nicht immer fühlt es sich so an, aber ich möchte gern daran glauben, dass es aufwärtsgeht, dass es ein bisschen besser wird, Runde für Runde. Dass wir irgendwann in nicht allzu ferner Zukunft sagen können, es geht uns gut, *trotz allem*.

Ein ganzes Jahr habe ich nun darüber geschrieben, was uns geschehen ist. Wieder und wieder habe ich den Weg in die Schrift gesucht, habe umformuliert und redigiert. Das Grauen der ersten vierundzwanzig Stunden, die ersten fieberhaften Wochen. Das Schreiben hatte etwas Manisches. Ein Hin und Her zwischen Ruhe und tiefer Verzweiflung. Zum Teil musste ich mich zwingen, über die Zeit zu schreiben, als Edvin noch lebte, und irgendwann war mir nicht mehr nur übel und unwohl dabei. Hin und wieder musste ich auch über etwas lächeln, was er gesagt oder getan hatte. Jetzt schiebe ich den Text einem Ende entgegen, und gleichzeitig scheue ich mich davor. Ich möchte fertig werden, möchte Platz für andere Dinge in meinem Leben schaffen, aber habe auch Angst davor, was mit mir passiert, wenn ich das Manuskript aus den Händen gebe. Was soll ich dann mit mir anfangen?

Bald höre ich auf zu schreiben, doch zuerst muss ich Folgendes noch erzählen:

Ich habe Fotos von Idun und Edvin in Steinkjer gesehen. Edvin auf dem Schoß von Bårs Vater, eng an ihn geschmiegt. Idun und Edvin beim Üben ihrer Instrumente. Die beiden auf dem Rücksitz, wie sie »What shall we do with the drunken sailor« singen. Wie sie Mols-Witze erzählen. Himbeeren pflücken und in der Paradiesbucht Krebse suchen. Ich war nicht dabei, aber auf den Fotos sehe ich, wie viel Spaß sie hatten, wie schön diese Tage für sie waren. Dann kamen sie zurück zur Hütte in Kvamsfjellet, wo sie einen Abend und eine Nacht lang waren. Wir bekamen ein Video, wie sie eifrig ihre Holzmesser mit Schmirgelpapier putzten. Der nächste Tag war ein Montag. Montag, der 10. August. Das Wetter war herrlich. Blauer Himmel, angenehm warm für so einen Spätsommertag. Im Laufe des Tages kamen Elisabeth und Inga Nella zu Besuch. Die Kinder turnten auf der Wiese vor der alten Scheune. Schon einen Tag vorher hatten Idun und Edvin an einem gemeinsamen Kunststück geübt: Er sollte sich aus dem Handstand nach hinten fallen lassen, sodass er mit den Beinen auf Iduns Schultern landete. In einem Video von meinem Vater versuchen sie es wieder und wieder, ohne Erfolg. Du musst mir vertrauen!, ruft Idun. Mache ich aber nicht, ruft Edvin. Sie lachen.

An dem besagten Montag schlugen Inga Nella und Idun ein Rad nach dem anderen. Ich krieg das nicht so hin wie Idun!, jammerte Edvin. Er versuchte es immer wieder. Doch, sagte Elisabeth, jetzt hast du es fast geschafft. Sie gaben ihm ein paar Tipps. Er versuchte es noch einmal. Schließlich klappte es.

Ich sehe ihn vor mir. Jeans und nackte Füße. Seine Hose und Fußsohlen grün von der Wiese. Das zaghafte stolze Lächeln. Edvin hat selten geprahlt, doch in dem Moment muss er stolz gewesen sein.

P.S.

Nach Edvins Tod hatte ich das dringende Bedürfnis, dass mein Junge in Erinnerung behalten würde. Ich wollte es von den Hausdächern rufen, dass er gestorben war. Ich wollte, dass alle wissen, wer Edvin war und wie sehr er geliebt wurde. Ich wollte über ihn schreiben und sprechen, damit man ihn nicht vergaß.

So ist es nicht mehr, nicht im selben Maße.

Vielleicht habe ich inzwischen mehr verstanden: wie kurz so ein Menschenleben trotz allem ist und wie viel von jedem Einzelnen vergessen wird, wenn wir nicht mehr sind. Spielt es eine Rolle, was nach unserem Tod von uns bleibt? Vielleicht ist es aber auch genau umgekehrt, und ich sehe jetzt, wie viele Ringe auf dem Wasser ein knapp siebenjähriger Junge aus Sagene hinterlassen hat, wie markant seine Spur ist.

Ich sehe Edvin lebendig vor mir, das Feuer in ihm. Als er starb, hielten wir eine Glut oder eine kleine Flamme in den Händen, und nun muss jede und jeder von uns dafür sorgen, dass sie weiterbrennt.

Früher befand sich der Tod im Hintergrund meines Lebens. Das hat sich umgekehrt, mit einem Mal war der Tod überall. Alles war so zerbrechlich. Eine Zeit lang ließ sich das Leben nur erahnen, wenn das Leben das Licht ist. Inzwischen ist alles durchmischter. Im Krankenhaus sagten wir uns, die Zeit wird schon helfen, Wiederholungen, Erfahrungen werden sich dazwischenlegen. Ein Jahr und vier Monate später kann ich sagen, das stimmt auf eine Art, auf eine andere aber nicht. Das Fortschreiten der Zeit hilft, weil es Edvins Tod weiter weg schiebt. Deshalb sind wir aber nicht »weitergekommen«. Wir lassen Edvin nicht hinter uns. Er und sein Tod sind Teil des Zustandes, in dem wir jetzt leben. Bår repariert immer noch alles, was in der Wohnung kaputtgeht, und bessert Iduns Kleidung aus. Als Edvin starb, konnte er das nicht in Ordnung bringen, auch gegen meine oder Iduns Trauer konnte er nichts tun. Nicht alles lässt sich reparieren. Wir leben weiter, und der Rest wird sich zeigen. Das Schreiben war eine Art, etwas aufzubauen. Ein armseliges kleines Bauwerk. Edvin steckt in jeder Planke, genau wie Bår und Idun und noch viele mehr, auch die, die nicht namentlich im Buch erwähnt sind. Dies ist meine Geschichte über Edvin. Ein jeder hat seine eigene.

ANMERKUNG

Der Text von Edvin im Wald, S. 162, ist durch das Gedicht »Pris den skamfarne verden« von Paal-Helge Haugen, frei nach Adam Zagajewski, inspiriert, das zum ersten Mal am Samstag, den 4. April 2020, in der Beilage Bokmagasinet der Zeitung *Klassekampen* abgedruckt wurde und in der Anthologie *Blomstersamling. Tekstar om sorg*, hrsg. v. Aud Gloppen und Elin Krogedal, 2020, Vårt Land Forlag, enthalten ist.

Das Zitat auf S. 261 stammt aus dem Gedicht, das dem Buch vorangestellt ist: »Lament« aus Louise Glücks Buch *Vita Nova*. Abdruck mit freundlicher Erlaubnis von Carcanet Press, UK.

ZITIERTE ODER GENANNTE WERKE

Naia Marie Aidt: *Carls Buch. Hat der Tod dir etwas genommen, dann gib es zurück.* München, Luchterhand 2021.

Joan Didion: *Das Jahr magischen Denkens.* Berlin, Claassen 2006.

Annie Ernaux: *Eine vollkommene Leidenschaft.* München, Goldmann 2004.

Louise Glück: *Vita Nova.* New York, The Echo Press 1999.

Astrid Lindgren: *Mio, mein Mio.* Hamburg, Oetinger 2008.

Frida Nilsson: *Sasja und das Reich jenseits des Meeres.* München, dtv 2021.

NRK (Norwegischer Rundfunk): »Sorg«. Eine Folge der Serie *Den føleslen.* Interview mit Ada Sophie Austegard, 2019.

Espen Olafsen & Per Arne Dahl: *Hva skal vi med stjerner nå? En fortelling om kjærlighet, sorg og resten av vårt liv.* Oslo, Schibsted 2008.

Elaine Pagels: *Why Religion?* New York, Harper Collins 2018.

Robert Pirsig: *Zen und die Kunst ein Motorrad zu warten.* Frankfurt, Fischer 2007.

Platon: *Das Gastmahl oder von der Liebe*, übertr. von Kurt Hildebrandt, Stuttgart, Reclam 1979.

Michael Rosen: *Mein trauriges Buch*. Stuttgart, Freies Geistesleben 2014.

Snorri Sturluson: *Edda (Die Edda des Snorri Sturluson)*, übers. von Arnulf Krause. Stuttgart, Reclam 2017.